Hippokrates
in der Hölle

Michel Cymes
in Zusammenarbeit mit
Laure de Chantal

Hippokrates in der Hölle

Die Verbrechen der KZ-Ärzte

Für die französische Ausgabe
© Éditions Stock, 2015

Die Deutsche Nationalbibliothek verzeichnet diese Publikation
in der Deutschen Nationalbibliografie;
detaillierte bibliografische Daten sind im Internet
über http://dnb.d-nb.de abrufbar.

Das Werk ist in allen seinen Teilen urheberrechtlich geschützt.
Jede Verwertung ist ohne Zustimmung des Verlags unzulässig.
Das gilt insbesondere für Vervielfältigungen, Übersetzungen,
Mikroverfilmungen und die Einspeicherung in und Verarbeitung
durch elektronische Systeme.

Der Theiss Verlag ist ein Imprint der WBG.

© 2016 by WBG (Wissenschaftliche Buchgesellschaft), Darmstadt
Die Herausgabe des Werkes wurde durch die
Vereinsmitglieder der WBG ermöglicht.
Übersetzung: Birgit Lamerz-Beckschäfer
Umschlaggestaltung: Harald Braun, Berlin
Satz: SatzWeise GmbH, Trier
Gedruckt auf säurefreiem und alterungsbeständigem Papier
Printed in Germany

Besuchen Sie uns im Internet: www.wbg-wissenverbindet.de

ISBN 978-3-8062-3285-1

Elektronisch sind folgende Ausgaben erhältlich:
eBook (PDF): 978-3-8062-3346-9
eBook (epub): 978-3-8062-3347-6

Für Glika
Für Chaïm und Mendel
Für meine Kinder
Für alle, die nicht mehr sind

Wissen ohne Gewissen ist der Seele Ruin.
Rabelais

Prolog

Hier ist es.
Ich stehe vor einer Baracke, ganz ähnlich den Gebäuden daneben. Die Türen sind geschlossen.

Hier ist es, dass so viele menschliche Versuchskaninchen von sogenannten Ärzten misshandelt wurden. Von Ärzten, deren Weg meine Großväter, die beide in diesem erbärmlichen Lager umkamen, vielleicht kreuzten.

Hier ist es, dass der bekannteste von ihnen – Josef Mengele – wissbegierig Zwillingspaare beobachtete, sie anschließend tötete. Und obduzierte.

Obduzieren, um zu sehen.

Um etwas zu finden.

Um etwas zu verstehen. Sehen, finden, verstehen – aber was?

Ich stehe erschüttert, stumm, versteinert, vor diesem Ort des Grauens.

Hinter diesen Mauern, diesen geschlossenen Fenstern, diesen verriegelten Türen, höre ich die Schreie, das Schluchzen.

Ich ahne die ausgezehrten Leiber, die sich vor Schmerzen krümmen, flehen. All die quälenden Bilder, die die Geschichte dieser Epoche in sich trägt.

Ich befinde mich in Auschwitz-Birkenau.

Es ist eine Reise in die Vergangenheit, eine persönliche Pilgerfahrt, die ich unzählige Male weggeschoben habe.

Hier, vor diesem Gebäude, versteht mein Medizinerherz die Welt nicht mehr.

Wie kann jemand einen Beruf ergreifen, dessen Anliegen es letztlich ist, Leben zu retten, und dann Wesen töten, die man nicht einmal mehr als Menschen betrachtet?

Ich weiß, diese Frage ist naiv und einseitig, aber ich muss sie stellen. Ich will es wissen.

Wieder und wieder habe ich gelesen, wie andere das Unerklärliche zu erklären versuchen.

Doch hier, am Ort des Verbrechens, sehe ich.

Keine Analysen mehr. Keine Erklärungen.

Nur noch Entsetzen.

Stellvertretendes Grauen.

Zeugnis ablegen.

Ein Wort. Ein Gefühl. Schlagartig spüre ich an diesem Tag den Befehl. Zugleich befällt mich der Eindruck, etwas Ungehöriges zu tun. Wovon werde ich Zeugnis ablegen – ich, der ich all das nicht selbst erlebt habe? Worüber werde ich sprechen?

Über meine Gefühle? Meine moralische Qual?

Was ist sie schon, verglichen mit denen, die sich tatsächlich hinter diesen Mauern befanden?

Doch aufgrund meines Berufs, aufgrund dieses Teils meiner Familie, den ich nie kennengelernt habe, spüre ich trotz allem eine Notwendigkeit, eine Aufforderung.

Jahre nach jener Reise hat sich das Gefühl der Ungehörigkeit gewandelt.

Ergänzt wurden meine Erinnerungen durch Negationismus, Revisionismus, abstoßenden „Humorismus", all die beiläufigen sibyllinischen Sätze, die ich hörte: „Was sie getan haben, war zwar nicht richtig, aber immerhin hat es die Medizin vorangebracht ..."

Und wenn es wahr wäre? Unmöglich. In meinem rationalen wissenschaftlichen Denken, meinem von Ethik geprägten bescheidenen Medizinerhirn, gründet der Fortschritt der Heilkunst nicht auf Grauen.

Ich redete mir ein, Folterknechte wie diese seien allesamt unfähige Mediziner. Von ihren Kollegen ausgegrenzt, von den Hochschulen blamiert, entdeckten sie endlich eine Möglichkeit zu beweisen, dass man sich in ihnen irrte.

Sie wollten den Professoren zeigen, dass auch sie, die sie als Taugenichtse belächelten, am Wahnsinn des Dritten Reichs mitwirken konnten.

Sie wollten etwas finden, das es dem deutschen Volk ermöglichen würde, das „gesündeste" Volk in der gesamten Geschichte der Menschheit zu sein.

Viele Jahre lang wollte ich dieses Buch schreiben.

Meine Vorurteile auf die Probe stellen.

Beweisen, dass all das wertlos war.

Dass alles unnütz war. Unerträglich unnütz. Als der Druck allzu groß wurde, als ich zu viele Stimmen immer lauter sagen gehört hatte, jene Experimente hätten vielleicht doch dem wissenschaftlichen Fortschritt gedient, sortierte ich meine Unterlagen und begann zu schreiben.

Die Wirklichkeit ist schlimmer, als ich sie mir vorstellte. Sie waren nicht allesamt wahnsinnig, diese Ärzte des Grauens, und sie waren nicht alle inkompetent.
Und die Ergebnisse jener Versuche, über die beim Nürnberger Ärzteprozess die Fachleute debattierten, diskutierten? Waren sie zu etwas nütze? Wurden sie nach dem Krieg von den Alliierten verwendet? Was wurde aus denen, die man „ausschleuste"?

Das ist es, wovon ich sprechen will.
Ich erhebe keinen Anspruch auf Vollständigkeit. Ich bin kein Historiker.
Nur Arzt.
Einer, der Kenntnisse weitergibt. Ein Populärwissenschaftler.
Und als solcher wollte ich berichten, wie es war. Das haben vor mir schon andere auf andere Weise und besser getan, aber ich glaube, dass es in diesem Bereich nie zu viel des Guten geben kann.

Dieses Buch ist mein bescheidener Baustein für das brüchige Gebäude der Erinnerung an alle diejenigen, die den Verbrechen gegen die Menschlichkeit zum Opfer gefallen sind.

1

„Wir, der Staat, Hitler und Himmler, tragen die Verantwortung. Ihr Ärzte seid nur die Werkzeuge."

Der Nürnberger Kodex

Wie kann ein Arzt zum Peiniger werden? Wie kann ein Mann, der es sich zur Aufgabe gemacht hat, Patienten zu heilen, sich entscheiden, sie leiden zu lassen? Die Experten, die im prunkvollen Justizpalast in einem der wenigen nicht völlig zerstörten Stadtteile Nürnbergs über rund 20 angeklagte Ärzte zu urteilen hatten, haben sich diese Fragen zweifellos oft gestellt. Es ist Ende 1946. Der Nürnberger Prozess, der von November 1945 bis Oktober 1946 dauerte, ist gerade zu Ende gegangen, als wiederum in Nürnberg das Verfahren gegen die Ärzte eröffnet wird. Die Aufgabe der Experten ist alles andere als einfach: Sie müssen urteilen über Taten, die Verstand und Gefühl augenblicklich als Abgrund des Grauens erkennen: das unermessliche, unvorstellbare Grauen von Menschenversuchen.

Kurz vor dem Ende des „großen" Nürnberger Prozesses – dem der Nazi-Prominenz – richtete die Behörde für die Verfolgung von Kriegsverbrechen eine

Expertenkommission für die Untersuchung der NS-„Medizin" in den Lagern ein. An der Spitze der Kommission stand Clio Straight, ein Mann, dessen Aufrichtigkeit seinem Namen Ehre machte. Er sammelte Dokumente, Beweismaterial und Zeugenaussagen – viele, erdrückende Zeugenaussagen. Als abscheulichsten Gräuel deckt er auf, dass die NS-Ärzte nicht nur töteten, sondern Menschen unvorstellbare Qualen zufügten, die schrecklicher waren als selbst die Gaskammern. Die Mitglieder der Kommission und später ihre Zuhörer erfahren, dass Sigmund Rascher bei Unterkühlungsversuchen in Dachau Häftlinge in Eisbecken quälte, dass in Buchenwald und Natzweiler Menschen absichtlich mit Fleckfieber, Cholera und anderen Krankheiten infiziert wurden, dass man in Ravensbrück Frauen die Knie brach, um Experimente an ihren Muskeln durchzuführen, dass Mengele in Auschwitz unbehelligt seine Fantasien zur Zwillingsforschung ausleben durfte. Im Prozess fehlt Mengele allerdings, denn er konnte flüchten und versteckt sich – Ironie des Schicksals – bei Prozessbeginn unweit von Nürnberg in Bayern mit Hilfe seiner Angehörigen, fliegt später nach Lateinamerika und stirbt dort 1979 eines natürlichen Todes. Während Rascher noch im „Dritten Reich" getötet wurde, können andere wie Oskar Schröder, Siegfried Ruff und Konrad Schäfer in letzter Minute gefasst werden, als sie schon wieder ein neues Leben führen und für … die US-Luftwaffe arbeiten. Doch ob abwesend, verstorben oder verschwunden – die Verbrechen der Peiniger leben in den Anklageschriften weiter. Für den Augenblick reicht das.

Auf der Anklagebank sitzen rund zwanzig Mediziner aus verschiedenen Fachgebieten, unterschiedlichen Alters (zum Zeitpunkt des Verfahrens zwischen 35 und 62 Jahren): vier Chirurgen (Karl Brandt, Fritz Fischer, Karl Gebhardt, Paul Rostock), drei Hautärzte (Kurt Blome, Adolf Pokorny, Herta Oberheuser), vier Bakteriologen (Siegfried Handloser, Joachim Mrugowsky, Gerhard Rose und Oskar Schröder), ein Internist (Wilhelm Beiglböck), ein Radiologe (August Weltz), zwei Allgemeinmediziner (Waldemar Hoven, Karl Genzken), ein Genetiker (Helmut Poppendick) und vier Luftfahrtmediziner (Hermann Becker-Freyseng, Wolfgang Romberg, Siegfried Ruff und Konrad Schäfer). Die Ärzteschaft ist also mit allen Sparten vertreten. Herta Oberheuser ist als einzige Frau dabei, doch das entspricht im Großen und Ganzen den damaligen Zahlenverhältnissen in der Medizin. Sie alle haben nichts Außergewöhnliches an sich, sind Spiegel ihrer Epoche.

In meinem Arbeitszimmer hängen Fotos einiger von ihnen. Manchmal betrachte ich sie lange und versuche zu verstehen, was sie zu Folterknechten machen konnte, was in ihrer Persönlichkeit, ihrer Geschichte eine physikalische Reaktion mit jener bestialischen Zeit eingehen und diese unfassbare chemische Verbindung bilden konnte, die einen Arzt in einen Mörder, einen Forscher in einen Killer verwandelte.

Auch wenn es sich um eine vorgefasste Meinung handelt, die uns nur beruhigen soll, besonders alle, die wie ich der Ärzteschaft angehören, möchte man nur zu gern meinen, diese großen Kriminellen seien kleine Ärzte gewesen. Man möchte meinen, es seien gescheiterte Existenzen, dumme praktizierende Ärzte gewesen, die unter dem Einfluss von Umfeld und Ideologie von der Gunst der Stunde und der Abgeschiedenheit der Lager profitierten, um Erfinder zu spielen: Sie handelten auf Befehl, konnten frei schalten und walten, und das hieß in diesem Fall, Experimente direkt am Menschen durchführen und dabei entgegen den medizinischen Richtlinien sämtliche Zwischenschritte überspringen. Die Leitlinien waren zwar damals nicht so ausführlich und fest umrissen wie heute, aber es gab sie. Probanden mussten freiwillig ihr Einverständnis zu einem Experiment erklären. Das war so eindeutig, dass viele Ärzte Selbstversuche vorzogen.

Heute erfolgen Versuche grundsätzlich zunächst an Geweben, dann an Klein- und später an Großtieren, dann erst an einer umfangreichen Stichprobe gesunder Probanden und ganz zuletzt an Kranken, und zwar im Rahmen von Doppelblindstudien, damit weder Patient noch Arzt durch den Placeboeffekt beeinflusst werden. Dieser vorgeschriebene Ablauf kostet Zeit, enorm viel Zeit: Zwischen der Idee eines Forschers und dem Endergebnis können Jahrzehnte liegen. In Kriegszeiten, wenn die Menschen in Massen sterben, wenn abgeschossene Flieger im Meer erfrieren, dann erscheint diese Zeitspanne manch einem unnötig lang. Dass dies ein Trugschluss ist, akzeptiert jeder Mediziner. Wenn aber die vorherrschende Ideologie empfiehlt, „geradeaus" zu denken, und Himmler Wissenschaftler auffordert: „Nur zu, experimentieren Sie!", dann haben Männer wie Rascher kaum noch Skrupel, Gefangene in Eiswasser zu tauchen! Generell wünscht man sich, die Ärzte des Bösen seien in erster Linie einfach schlechte Ärzte gewesen, Opfer ihrer Zeit, so mittelmäßig, dass sie bösartig wurden. Bei den intelligenteren oder begabteren unter ihnen beruft man sich auf Wahnsinn: Mengele war geisteskrank. Dabei studierten die meisten von ihnen an den damaligen großen Hochschulen Deutschlands, die in vielen Fachgebieten hohes Ansehen genossen, auch in der Medizin. Außerdem ließen sich viele hochrangige Ärzte nicht lange bitten, persönlich bei den Experimenten dabei zu sein. Auf zeitgenössischen Fotos sehen die Ärzte des Bösen wie ganz normale Mediziner aus.

Ihre Experimente waren zudem völlig nutzlos – so eine weitere vorgefasste Meinung. Gewiss waren ihre Versuche methodologisch nicht „reproduzierbar" und statistisch nicht repräsentativ (weil die Stichprobe „zu klein" war). Außerdem ergab sich fast nichts, was man nicht schon vorher wusste, sei es über Unterkühlung, Meskalin, die Trinkbarkeit von Meerwasser, die Abheilung offener Wunden oder den Verlauf von Infektionskrankheiten (bis zum Tod). Doch auch wenn diese Ergebnisse nicht verwertbar waren, heißt das noch lange nicht, dass sie nicht verwertet wurden.

Besonders aufschlussreich sind für mein Verständnis die Argumente, die diese Ärzte im Prozess zu ihrer Verteidigung vorbrachten. Natürlich halte ich sie nicht für stichhaltig, aber sie spiegeln ihre eigene Wahrheit und die Geschichte, die sie anderen weismachen, vielleicht sogar an erster Stelle selbst glauben wollten. Gewiss versuchten sie, ihre Haut zu retten, aber möglicherweise auch ihre Seele. Sieben Argumente brachten sie vor: das Unzeitgemäße des Hippokratischen Eids, die Vergleichbarkeit mit US-Versuchen, die Verantwortlichkeit des totalitären Hitler-Regimes, die Uneigennützigkeit der Forscher, den Wunsch, das Schicksal der Menschheit zu verbessern, den begrenzten Nutzen von Tierversuchen und die Gelegenheit für die Häftlinge, sich von begangenen Verbrechen freizukaufen. Bis zum heutigen Tag ruft man allen angehenden Ärzten, allen angehenden Medizinern den Eid des Hippokrates in seiner modernen Form ins Bewusstsein.

Bei meiner Aufnahme in den ärztlichen Berufsstand gelobe ich feierlich, den Geboten der Ehre und Redlichkeit treu zu sein.

Das oberste Gebot meines Handelns soll es sein, die Gesundheit in all ihren körperlichen und geistigen, individuellen und sozialen Facetten wiederherzustellen, zu erhalten oder zu fördern.

Ich werde alle Patienten, ihre Autonomie und ihren Willen respektieren, ohne jegliche Diskriminierung wegen ihres Standes oder ihrer Überzeugungen. Ich werde mich bemühen, sie zu schützen, wenn sie geschwächt, verletzbar oder in ihrer Unversehrtheit oder ihrer Würde bedroht sind. Selbst unter Zwang werde ich meine Kenntnisse nicht im Widerspruch zu den Geboten der Menschlichkeit einsetzen.

Ich werde die Patienten über beabsichtigte Entscheidungen, ihre Gründe und ihre Konsequenzen informieren. Ich werde ihr Vertrauen niemals missbrauchen und die den Umständen geschuldete Macht nicht ausnutzen, um eine Haltung zu erzwingen.

Ich werde jeden behandeln, der meine Hilfe braucht und darum bittet. Ich werde mich nicht durch die Gier nach Geld oder das Streben nach Ruhm beeinflussen lassen.

Wenn man mich ins Vertrauen zieht, werde ich über die mir anvertrauten Geheimnisse Stillschweigen bewahren. In den Häusern werde ich die Privatsphäre respektieren und durch mein Verhalten nicht die dort herrschenden Sitten verderben.

Ich werde alles tun, um Schmerzen zu lindern. Ich werde den Sterbeprozess nicht über Gebühr verlängern. Niemals werde ich absichtlich den Tod herbeiführen.

Ich werde die nötige Unabhängigkeit bewahren, um meine Aufgabe zu erfüllen. Ich werde nichts tun, das meine Kompetenzen übersteigt. Ich werde mein Wissen erhalten und mehren, um die von mir verlangten Leistungen bestmöglich erbringen zu können.

Ich werde meinen Kollegen und ihren Familien in Notlagen beistehen.

Mögen die Menschen und meine Kollegen mir ihre Achtung entgegenbringen, wenn ich diesem Gelöbnis treu bin; möge ich entehrt und verachtet sein, falls ich dagegen verstoße.

Ein wunderbarer Text, auch wenn sich Wissenschaft und Gesellschaft weiterentwickelt haben, seit das Original im 5. Jahrhundert v. Chr. auf Altgriechisch verfasst wurde. Im Jahr 1939 unterwirft in Deutschland wie anderswo allein dieser Text Ärzte einer bestimmten Ethik – auch diesen Begriff verdanken wir griechischen Denkern. Und das ist der Grund, warum die Verteidiger diese schönen Worte verdrehen und verfälschen, bis ihr Sinn ihnen genehm ist. Schon das stellt ein Verbrechen gegen die Ärzteschaft dar! Ihr erstes Argument lautet, im Eid des Hippokrates stehe ja nichts von Experimenten, deshalb seien Ärzte dabei aller ethischen Bedenken enthoben. Der Satz: „Ich werde alle Patienten, ihre Autonomie und ihren Willen respektieren", spricht zwar für sich, doch die Verteidigung kontert, Häftlinge seien schließlich keine Patienten, sondern Gefangene, Kriminelle, und deshalb sei der Arzt nicht durch den Eid gebunden, vor allem, wenn es ihm darum gehe, „die Gesundheit in all ihren Facetten zu fördern". Dies ist in der Tat eines der Bravourstücke im Prozess: Mit ihren Versuchen an Lagerhäftlingen, mit Praktiken, die eher mit Folter als mit Wissenschaft zu tun haben, verfolgen die Ärzte nur ein Ziel: Leiden zu lindern und die Menschheit voranzubringen. Als weitere Glanzleistung fragt die Verteidigung: „Was täten Sie, wenn in der Stadt die Pest grassiert, und Sie könnten 5000 Menschen retten, indem Sie fünf töten?" Was wie eine hehre griechische Tragödie klingt, ist völlig absurd, denn wie der US-Experte Andrew Ivy sagte, würde kein Arzt sein Gewissen mit dem Tod Unschuldiger unauslöschlich beflecken. Doch in jener wahnsinnigen Zeit sind diese fünf Unschuldigen nur Untermenschen, denn die Menschheit beschränkte sich auf die „arische Rasse". An dieser Stelle kommt ein weiteres Argument ins Spiel: der Einfluss der NS-Ideologie. Dem war die Ärzteschaft in besonderem Maße unterworfen, denn schon lange vor Kriegsausbruch war die Medizin von der Eugenik geprägt. Später dann war gerade die Medizin mit Blick auf die Rassenhygiene dem Regime wichtig. Schon sehr früh hatte man allen Ärzten jüdischer Abstammung Berufsverbot erteilt und zahlreiche ihrer Stellen mit angehenden Ärzten besetzt. Die Ärzte waren die Berufsgruppe mit den meisten Parteimitgliedschaften. Ein weiteres Argument zugunsten der Angeklagten bringt Fritz Fischer vor: Er beruft sich auf eine regelrechte „Entpersönlichung". Gewiss erfolgten die Versuche im Krieg, und die Ärzte trugen entweder Kittel oder Uniform. Fischers Aussage ist bezeichnend: „Ich war zu dieser Zeit nicht der in seinen Entschlüssen freie Zivilarzt, sondern [...] [hatte] als zum Gehorsam verpflichteter Soldat zu handeln." Er sagte weiter, dass 1942 „der Einzelne nicht mehr das Recht, ja nicht mehr die Möglichkeit [gehabt] hätte, aufzubegehren, denn sein Schicksal war das Schicksal der Gesamtheit." Als Individuum in einem freien Staat hätte er nicht getan, was er tat, aber in Kriegszeiten in einem totalitären Staat gebe es Situationen, in denen „der Einzelne sich dem Befehl des Staats fügen musste". Er habe sich „in der gleichen Situation stehend" empfunden, [...] in der [ein] Soldat einen Torpedo gegen ein Schiff abschießen muss". Wichtig war ihm, dass sein Motiv für das Geschehene nicht Grausamkeit gewesen sei, sondern „das Motiv der Verwundetenhilfe". Ich musste zum Glück nie Soldat sein, aber ich kann mir kaum vorstellen, jemand könne völlig ohne Grausamkeit Männer stundenlang in eisiges Wasser tauchen und dabei beobachten. „Aber das waren doch Freiwillige!", erinnert uns die Verteidigung. In der Tat hatten die Lagerärzte vielen ihrer Versuchskaninchen – ich scheue mich, sie Patienten zu nennen – Hafterleichterungen versprochen. Gewiss überlebten nur wenige, und im Übrigen war es ja nun einmal nicht Sache des Arztes nachzuprüfen, ob seine Kollegen in der Verwaltung das dann auch veranlassten. Schließlich hatte jeder seinen Arbeitsbereich, nicht wahr?

Einige dieser Argumente wären zum Lachen, wenn sie nicht eher zum Weinen, zu Wut und Ekel reizten. Das Übelste ist zweifellos die Berufung darauf, Tierversuche seien ja nicht erlaubt gewesen. Als direkte Konsequenz von Hitlers Hang zum Vegetarismus war es ab 1933 gesetzlich untersagt, Tieren Schmerzen oder Misshandlungen zuzufügen. Indem sie Menschen quälten, schonten die Ärzte also Tiere, wie es das Gesetz verlangte. Sie waren nur Ausführende: „Ihr Ärzte seid nur die Werkzeuge", sagte Himmler. Außerdem hätten sie ja nicht aus Eigennutz gehandelt. Das stimmt, denn die Experimente brachten keinen roten Heller ein, zumindest nicht während des Krieges.

Das heikelste Argument betrifft die in den USA durchgeführten Höhenversuche. Dreist behaupten die deutschen Forscher, sie hätten sich sogar mehr um die Gesundheit ihrer Versuchsteilnehmer gesorgt als ihre Kollegen auf der anderen Seite des Atlantiks. Dr. Siegfried Ruff beispielsweise kennt sich in der Methodik der amerikanischen Versuche bestens aus: In der US-Army seien die gleichen Trainingstests bei 12 000 Metern mit Soldaten durchgeführt worden, genauso wie in der deutschen Luftwaffe; dort habe es mehrere Todesfälle gegeben, in Deutschland jedoch nicht, denn die Amerikaner hätten die Flugzeugbesatzungen eine Stunde lang auf 12 000 Metern gelassen, während es bei ihren eigenen Versuchen nur 15 Minuten gewesen seien. Rudolf Brandt, persönlicher Referent Himmlers, erinnert daran, Unterkühlungsversuche in den USA hätten sechs Todesfälle zur Folge gehabt. Sie seien anschließend Gegenstand von Publikationen gewesen, auf die sich die US Air Force stützte. Abschließend erklärt er noch dreist, dank der in Dachau durchgeführten Experimente hätten sie ihre eigenen Forschungsarbeiten um mehrere Jahre vorziehen können. Sein Anwalt präsentiert daraufhin ein Exemplar der Zeitschrift *Life* vom 4. Juni 1945, das über Malaria-Experimente in drei Zuchthäusern berichtet, wo „als Staatsfeinde Inhaftierte bei der Bekämpfung anderer Staatsfeinde behilflich sind". Er fragt: „Was halten Sie von der Zulässigkeit solcher Experimente?" Die beiden US-Gutachter Andrew Ivy und Leo Alexander haben etwas Mühe, die Schuldzuweisung abzuwehren, aber sie brauchen nur daran zu erinnern, dass im Fall der amerikanischen Versuche das schriftlich erklärte „freiwillige Einverständnis" galt.

Schließlich prangern die Angeklagten noch das ethische und juristische Vakuum in Bezug auf Menschenversuche an und bedauern, dass es dazu keine einschlägigen Gesetze gab. Dr. Kurt Blome, stellvertretender Leiter der Reichsärztekammer, verkündet, er habe vorgehabt, nach dem Krieg eine gesetzliche Regelung für Experimente am Menschen durchzusetzen, denn er habe eine Versuchsreihe über Krebs geplant, dem die Nazis regelrecht den Krieg erklärt und dabei einige grundlegende Entdeckungen gemacht hatten (darunter die Verknüpfung zwischen Lungenkrebs und Tabakrauch).

„Eine gesetzliche Regelung für Experimente am Menschen durchzusetzen" – dieser Wunsch ist der einzige, über dessen Erfüllung ich mich freue. Nach Abschluss des Prozesses wurde nämlich der „Nürnberger Kodex" ins Leben gerufen und einige Jahre später verbessert und ergänzt. Er schuf die Grundlagen für die Bioethik und regelt, was Menschen im Rahmen von Humanversuchen zugemutet werden darf. Und er führte das Konzept der Zustimmung nach Aufklärung ein; es basiert nicht nur auf den Fragen der Ankläger, sondern auch auf dem, was die Angeklagten zu ihrer Verteidigung vorbrachten. Heute ist die „informierte Einwilligung" ein Grundsatz der Medizinethik.

Könnte man also sagen, das Übel habe so auch sein Gutes gehabt? Pessimisten und Optimisten werden sich anhand der folgenden Seiten hierzu ihre eigene Meinung bilden.

2

„Menschenmaterial"

Sigmund Rascher

Von München nach Dachau sind es nur rund zehn Kilometer, doch trennen Welten die quirlige bayrische Großstadt vom ältesten Konzentrationslager Deutschlands. Die Idee dazu hatte ein Mann aus der Region: Heinrich Himmler, Hitlers rechte Hand. Sein Name lässt an den Himmel denken, doch in seinem Kopf fehlte es nie an teuflischen Ideen. Auf seine Anordnung hin beschmutzt ein schwankendes Gefährt, genau gesagt ein Kohlenlastwagen, im eisigen Februar 1944 den jungfräulichen Schnee. Unter strikter Geheimhaltung befördert er schweres Frachtgut durch die triste schwarzweiße Landschaft zu einem nicht minder tristen Bestimmungsziel – dem Lager Dachau. Die aufrecht stehende lange Kiste ähnelt einem Sarkophag, wären da nicht die großen Schalthebel, mit denen man das gruftartige Gebilde luftdicht verriegelt, den Druck in seinem Innern regelt und damit kontrollieren kann, in welchem Maß der darin Eingeschlossene die Hölle durchleidet.

Glücklicher Empfänger der Fracht ist Dr. Sigmund Rascher, ein untersetzter kleiner Herr, dessen rotes Haar trotz seiner Jugend bereits schütter wird. Zehn

Tage zuvor hat er seinen 39. Geburtstag gefeiert, und Himmler hätte ihm kein schöneres Geschenk machen können als diese wundervolle Dekompressionskammer inklusive sämtlicher Genehmigungen, die er für die Unterdruckexperimente braucht, von denen er träumt und die ihm seine Kollegen bisher stets verweigerten. Seit seinem Militärdienst bei der Luftwaffe liebt und bewundert Rascher die Fliegerei. Das Problem ist nur, dass die feindliche Royal Air Force deutsche Flugzeuge zwingt, in immer größere Flughöhen auszuweichen. Bei einem Notausstieg aus dem Cockpit sind die Piloten immer gewaltigeren Druck- und Temperaturunterschieden ausgesetzt, denen der menschliche Körper nicht standhält. Viele verunglückte Piloten sterben. Ihre Leichen weisen geplatzte Trommelfelle auf, Gehirn und Lunge sind voller Flüssigkeit und das Herz ist in keinem viel besseren Zustand. Natürlich stellt sich die Frage nach der Todesursache. Theoretisch kann ein Mensch jede gewünschte Höhe erreichen – vorausgesetzt, er befindet sich in einem Flugzeug mit luftdichter Kabine. Wird diese jedoch zerstört, ist der Körper entsprechend der Höhe Unterdruck, Kälte und Sauerstoffmangel ausgesetzt. Die Deutsche Versuchsanstalt für Luftfahrt in Berlin-Adlershof wird beauftragt, die Physiologie von Herz und Atmung in großer Höhe zu erforschen. Die Medizin weiß in dieser Zeit zwar, wie sich Höhen bis 8000 Meter auf den menschlichen Körper auswirken, doch alles darüber hinaus ist so gut wie Neuland. Die Versuchsanstalt hat natürlich Experimente an Tieren durchgeführt, doch zum einen kann man diese schwerlich dazu bringen, einen Fallschirm zu öffnen, und zum anderen sind Tierversuche ja per Gesetz verboten.

Der ehrgeizige junge Forscher Rascher verpasst kein Kolloquium über dieses Thema und macht 1941 sogar eine flugmedizinische Fachausbildung. Die Flugmedizin an sich ist faszinierend, zumal die Fliegerei in dieser Zeit buchstäblich als Pilotprojekt gilt. Es geht darum, Menschenleben zu retten, indem man die Grenzhöhe auslotet, oberhalb derer kein Überleben mehr möglich ist. Piloten sollen dadurch unter anderem Vorgaben erhalten, bis zu welcher Höhe sie mit dem Schleudersitz aussteigen können und wann sie ihren Fallschirm öffnen müssen. In diesem Bereich tritt die Medizin auf der Stelle, obwohl Tag für Tag deutsche Piloten sterben, während die Briten immer mehr an Flughöhe und Terrain gewinnen (wie ihnen das gelang und was sie wussten, werden wir später noch sehen).

Dass er hierfür ein Konzept hat, lässt Rascher in seinem umfangreichen Briefwechsel mit Himmler durchblicken. Um Zeit zu sparen (und somit mehr deutsche Piloten zu retten), müsse er jedoch seine Versuche direkt am Menschen vornehmen. Offen bittet er Himmler um ein paar zum Tode verurteilte Sträflinge. Mit ihrer Hilfe könne die Flugmedizin einen spektakulären Sprung machen – nach vorn, meint Rascher, nach hinten, meinen viele seiner Forscherkollegen, die damals viele Vorbehalte haben.

[Es] wurde mit großem Bedauern erwähnt, dass leider noch keinerlei Versuche mit Menschenmaterial bei uns angestellt werden konnten, da die Versuche sehr gefährlich sind

und sich freiwillig keiner dazu hergibt. [...] Dafür stelle ich die ernste Frage, ob zwei oder drei Berufsverbrecher für diese Versuche von Ihnen zur Verfügung gestellt werden können? (Brief Raschers an Himmler vom 15. Mai 1941).

Himmler lässt sich bereitwillig von der Stichhaltigkeit der Theorien dieses jungen Arztes überzeugen, der ihn mit Briefen überschüttet und ihn hofiert. In jedem Schreiben nennt er ihn „hochverehrter Reichsführer" und bekräftigt stets seine Dankbarkeit, seine Ergebenheit dem Führer, vor allem aber Himmler gegenüber. Doch auch wenn seine Briefe von Unterwürfigkeit und Ehrgeiz nur so strotzen, ist das noch kein Verbrechen, und Schmeicheleien werden ja oft dick aufgetragen. In Raschers Jugend jedenfalls deutet noch nichts auf seine späteren Gräueltaten hin.

Wer ist eigentlich dieser Dr. Rascher?

Zufällig blieb ein Lebenslauf erhalten, den er anlässlich der Bewerbung als Lehrbeauftragter an der Universität eingereicht hatte. Geboren wurde er in München, Vater und Onkel waren Ärzte. Seinen großen Bruder, der Musiker ist, mag er nicht, auf seinen Vater blickt er herab. Mit seinem Onkel versteht er sich besser. Sein Leben verläuft vermutlich in klassischen Bahnen. Er absolviert erfolgreich ein Medizinstudium an den sehr angesehenen Hochschulen München und Freiburg. 1936 wird er Facharzt für Chirurgie, doch es zieht ihn eher in die Forschung. Er wird Gehilfe von Professor Trumpp und assistiert ihm bei hämatologischen Untersuchungen. Auf der Grundlage dieser Arbeiten interessiert er sich später in Dachau für die Entwicklung der blutstillenden Substanz Polygal, die das

Leben deutscher Soldaten retten soll. Wie viele junge Deutsche interessiert sich auch Rascher für Politik, für den „neuen Menschen", den diverse Regimes heranzüchten wollen. Wie für die meisten Mediziner dieser Zeit ist dieser neue Mensch auch für Rascher Nationalsozialist: 1933 wird er Parteimitglied, 1936 tritt er der SA bei. Bis hierher ist Sigmund Rascher ein „Mann der Stunde", dessen persönliche Ambitionen voll und ganz in seine Zeit passen, die ihn formt und ihn letztlich zum Ungeheuer werden lässt. Aus dieser Lebensphase gibt es von ihm ein Ausweisfoto: Man sieht darauf einen „normalen" jungen Mann, nicht mittelmäßig, aber durchschnittlich, adrett frisiert mit Seitenscheitel, noch ein wenig linkisch im Anzug mit ungeschickt gebundener Krawatte. Wie viele andere junge Deutsche der 1930er-Jahre ist auch er ehrgeizig und fürchtet, seinen Ansprüchen nicht gerecht zu werden; er träumt vom Übermenschen und möchte ein guter Arier sein, quält sich jedoch mit der verworrenen Sorge, er könnte schlicht und einfach ... ein Nichtsnutz sein. Ich suche in keiner Weise nach Entschuldigungen für einen Mann, der in meinen Augen ein Schuft ist, aber gerade Rascher wurde meiner Meinung nach durch Umstände und Umfeld geprägt – angefangen mit seiner Ehefrau und Himmler. Es gibt viele Möglichkeiten, ein Dreckskerl zu sein oder zu werden, in Raschers Fall sogar ein Monstrum; der Schmutz, mit dem man sich aufgrund äußerer Umstände besudelt, ist meiner Meinung nach weder die abstoßendste noch die gefährlichste dieser Kategorien. Rascher verfällt dem Wahn zur gleichen Zeit wie sein

Land: zunächst 1933, als er in die Partei eintritt, dann 1939, als er die Bekanntschaft eines *Blauen Engels* in den Wechseljahren macht, einer Lili Marleen von weit über vierzig, die sich Nini rufen lässt. Die Schlagersängerin Karoline Diehls haucht ihm ins Ohr „*Ich bin von Kopf bis Fuß auf Liebe eingestellt*"[1], macht ihn mit Himmler bekannt und sorgt dafür, dass er seiner Karriere zuliebe zur SS wechselt. Höchstwahrscheinlich Himmlers Ex-Geliebte, setzt sie ihre Talente nun für das private und berufliche Glück Sigmund Raschers ein. Wie hypnotisiert gehorcht er, steigt auf und verkauft dabei seine Seele.

Seine Kollegen im Lager Dachau schildern ihn als aufgesetzt jovial und übereifrig, aber nicht als grausam. Rascher war der Typ, der lächelnd seine Zähne zeigte, aber niemals zubiss. Einer seiner Assistenten, Walter Neff, beschreibt ihn als vergleichsweise nett im Umgang mit denjenigen, die das Pech hatten, ihm als Versuchskaninchen zu dienen. Grausamkeit ist ihm offenbar ebenso fremd wie Mitleid. Weil er das Richtige tun will, oder lediglich, um von seinem Umfeld respektiert zu werden? Als einer der Lagerwärter ihm Deportierte anstelle der angeforderten zum Tode verurteilten Häftlinge bringt, weigert er sich, mit dem Experiment zu beginnen, denunziert jedoch den Bewacher, der von seinem Vorgesetzten prompt in ein anderes Lager versetzt wird. In Sachen Denunziation ist Rascher ohnehin immer vorneweg. 1939 liefert er seinen eigenen Vater der Gestapo aus, doch der angesehene Münchner Arzt erweist sich als völlig unbescholten, sodass die Gestapo ihn nach fünf Tagen laufen lässt. Doch das kümmert Rascher keineswegs: Er denunziert seinen Vater erneut, dieser wird wieder verhaftet, wieder freigelassen.

Willenlos und ohne jedes Mitgefühl fletscht Rascher knurrend die Zähne, ist aber zu allem bereit, um Herrchen Himmler und Frauchen Diehls einen Knochen zu schenken. Denn der Reichsführer ist nicht sein alleiniger Herr: Auch Nini Diehls führt ihn an der Leine, berät ihn, manipuliert ihn. Rascher hat das Herz eines Hundes, vor allem aber das eines Schoßhündchens.

In seinem Privatleben ebenso wie im Beruf schiebt er die Grenzen von Wissenschaft und Ethik immer weiter hinaus. Weil er und seine Frau unfruchtbar sind, stehlen sie Neugeborene: Ihren kriminellen Machenschaften entspringen drei „Söhne". Jedes Mal entfaltet sich das gleiche Szenario, geradezu wie in einer griechischen Tragödie: frohe Überraschung der werdenden Eltern, ein Brief an Himmler, Kissen und anderer Mummenschanz. Nach neun Monaten schließlich endet die Farce, man gibt das freudige Ereignis bekannt und Himmler schickt Pralinen für die ganze Familie. Wie die haarsträubende Posse im Einzelnen ablief, wurde nie restlos geklärt. Manche meinen, die Raschers hätten die Säuglinge bei sich „aufgenommen", denn in Kriegszeiten mangelt es ja nicht an Waisen und ausgesetzten Kindern. Andere glauben eher, dass die Hausangestellte der Raschers als „Leihmutter" fungierte. So oder so gründeten die Raschers eine Art Krippe für arische Kinder – sozusagen einen *Lebensborn* im Kleinen. Nini Diehls wurde damit zur ältesten jungen Mutter im Deutschen Reich, und das mit über fünfzig, was damals an ein Wunder grenzte – oder einfach unerhört war. Diese Dinge gaben letztlich den Anstoß zum Untergang des Hauses Rascher, aber darauf komme ich noch zurück.

Eines der bekanntesten Fotos zeigt einen lächelnden Rascher mit Stirnglatze, die spiegelglatt rasierte Wange eng an den eingemummten Babykörper eines seiner drei Jungen geschmiegt. Ich finde gerade dieses Foto sehr eindrucksvoll und aufschlussreich. Denn während der Arzt in seiner schicken Uniform entzückt und voller Stolz in die Kamera blickt, greint der Säugling entsetzt. Natürlich konnte man ein solches Foto damals nicht wie heute einfach löschen und ein neues knipsen, doch zeigt die Aufnahme ganz unbeabsichtigt die in Wahrheit abscheuliche Situation.

An zum Tode verurteilten Häftlingen jedenfalls herrscht Anfang der 1940er-Jahre in Deutschland keinerlei Mangel, und Himmler ist von der Notwendigkeit von Menschenversuchen zutiefst überzeugt. Das Hauptproblem besteht darin, den Widerstand der Ärzteschaft zu überwinden und die besagte Unterdruckkammer zu beschaffen. Rascher kann seine Ungeduld kaum bezähmen, doch seine Kollegen sehen seinen Tatendrang eher kritisch. Erst als die Skepsis der Mediziner zum Verstummen gebracht ist, was selbst Himmler einige Zeit kostete, darf Dr. Rascher als Forscher in Dachau endlich die Experimente durchführen, von denen er schon lange träumt. Er hat freie Hand. Seine Mission: aus einem Konzentrationslager heraus Menschenleben retten.

3

„Ich experimentiere an Menschen, nicht an Meerschweinchen oder Mäusen."

Sigmund Rascher

Hypoxie und Hypothermie – Sauerstoffmangel und Unterkühlung – sind die Hauptgefahren für Flieger. In einer luftdichten Flugzeugkabine kann der menschliche Körper theoretisch jede Höhe aushalten, doch im Krieg bleiben die Kabinen nicht lange dicht. Deutsche Flieger starben in den eisigen Armen der Nordsee und des Ärmelkanals an Hypoxie beziehungsweise Hypothermie, sogar dann, wenn sofort Hilfe eintraf. Es fehlte an Erkenntnissen. Vor allem ein gewisser Dr. Weltz in Hirschau unweit von Dachau hat zwar einige Experimente durchgeführt, aber nun müsste man weitere Versuche an größeren Tieren wie Affen vornehmen, damit die Forschung in gehörigem Maße vorankommt. Doch aus verschiedenen Gründen, nicht zuletzt aufgrund der Tierschutzgesetze von 1933 und 1935, ist in den Labors kein einziger Schimpanse zu finden. Angesichts der Luftschlacht um England und des Russlandfeldzugs werden die Fragen zur Hypoxie und Hypothermie immer drängender. In der

Not frisst der Teufel Fliegen, sagte man früher ergeben, ganz im Einklang mit der alten unterwürfigen Gesinnung, doch Himmler hat der Ärzteschaft Besseres zu bieten: Anstatt an Affen dürfen die Forscher an Gefangenen experimentieren. Er antwortet Rascher deshalb: *Ich kann Ihnen mitteilen, dass Häftlinge für die Höhenflugforschung selbstverständlich gern zur Verfügung gestellt werden.*[2] Manche Helden der Lüfte starben im Meer, andere in der Luft, etwa hundert von ihnen am Boden, ohne überhaupt fliegen zu können, im finsteren Block, den man Rascher für seine widerlichen Versuche zuwies.

Schon bald zieht Rascher es vor, allein zu arbeiten – vielleicht aus Lust am Geheimnisvollen, sicher auch aus Angst vor Fehlschlägen. Dennoch bittet er den Lagerarzt um Unterstützung und drängt schließlich Himmler zu einem Besuch, denn seine Ergebnisse würden ihn „außerordentlich interessieren".

Die von mir selbst und Dr. Romberg durchgeführten Versuche haben Folgendes ergeben: Der Sauerstoffmangel bzw. der niedere atmosphärische Druck haben im Fallschirmsinkversuch weder aus 12 km noch aus 13 km Höhe tödlich gewirkt. Es wurden insgesamt 15 Extremversuche dieser Art angestellt [...]. Es trat schwerste Höhenkrankheit mit Bewusstlosigkeit auf, jedoch stets völlige Aktionsfähigkeit, wenn etwa 7 km Höhe im Abstieg erreicht war.

Weder die Qualen seiner Opfer, deren Schreie offenbar weit über den Block hinaus zu hören waren, noch das völlige Fehlen wissenschaftlicher Strenge bei der Auswahl seiner Versuchspersonen, und schon gar keine ethischen Bedenken hindern den Arzt daran, die 12-Kilometer-Grenze zu überschreiten und Sauerstoff zu entziehen. Schon bald (in weniger als zehn Minuten) wird das Opfer bewusstlos, seine Atmung verlangsamt sich auf drei Atemzüge pro Minute und hört dann ganz auf. Nun ist eine ausgeprägte Cyanose erkennbar, der Schaum vor dem Mund trocknet, das EKG zeigt keine Herztätigkeit mehr. „Ruhe in Frieden", möchte man diesem Mann wünschen, über den wir nicht mehr erfahren als Raschers rassistische Äußerung, es handle sich um einen „37-jährigen Juden in gutem Allgemeinzustand". Doch nicht einmal Frieden bekommt er, denn kaum eine Stunde später zückt der Doktor sein Skalpell für die Sektion. Ebenso sachlich wie unhaltbar schildert er, wie er den Brustkorb aufbricht, wie sich gelbliche Flüssigkeit im Strahl aus dem Herzbeutel entleert und das Herz (als Reflex auf die beseitigte Tamponade) wieder zu schlagen beginnt. Daraufhin eröffnet er den Schädel und entnimmt das Gehirn, das ein massives Ödem aufweist. Das Herz schlägt noch acht Minuten weiter.

Ein so grauenhaftes Geschehen bedarf keines Kommentars. Wer diese Zeilen liest, kann sich des Gefühls von Ekel, Entrüstung, sogar Wut nicht erwehren, doch Dr. Rascher beschließt seinen Bericht seelenruhig mit den Worten:

Die anatomischen Präparate werden konserviert, um zu einer späteren Auswertung durch mich vorhanden zu sein. Meines Wissens ist der letztgeschilderte Fall der erste beobachtete dieser Art beim Menschen überhaupt. Wissenschaftlich gewinnt der oben geschilderte Herzvorgang noch

besonderes Interesse, da ich die Herzaktion bis zum Schluss mit EKG mitgeschrieben habe.
Die Versuche werden weitergeführt und noch weiter ausgebaut. Nach Erlangung neuer Ergebnisse wird ein weiterer Zwischenbericht erfolgen.

In der Tat werden die Versuche weitergeführt und ausgebaut, denn Himmler ist hingerissen. Tief beeindruckt von dem, was er für eine Wiederbelebung hält, fragt er an, *ob es nicht möglich ist, [...] derartige Menschen wieder ins Leben zurückzurufen.*

Großer Gott, er fügt sogar noch hinzu: *Sollte ein solcher Versuch des Zurückrufens in das Leben gelingen, so ist selbstverständlich der zum Tode Verurteilte zu lebenslänglichem Konzentrationslager begnadigt [...] Freundliche Grüße und Heil Hitler!*

Da Versuche in den größten Höhen den sicheren Tod zur Folge haben, befasst sich Dr. Rascher bei seinen Versuchen, sie „ins Leben zurückzurufen", mit einem anderen Problem, das nicht nur Flieger betrifft, sondern auch Seeleute oder Soldaten an der Ostfront: Unterkühlung. Es wurde noch Ende der 1980er-Jahre diskutiert, doch zu Raschers Zeit ging es um den Vergleich der Überlebenschancen zum einen bei schneller Wiedererwärmung (im heißen Wasserbad) und zum anderen bei langsamem Aufwärmen (beispielsweise durch menschliche Körperwärme). Aus wissenschaftlicher und historischer Sicht ist die Erforschung der Hypothermie deshalb durchaus gerechtfertigt, keinesfalls jedoch am Menschen. Ich bat meinen Kollegen Xavier Bigard um seine Einschätzung. Wie er mir schrieb, hätte man die Fragenstellungen genauso gut anhand vorangegangener Versuche beantworten können, die unter wissenschaftlich einwandfreien Bedingungen an Tieren erfolgt waren (gemeint sind die Ende des 19. Jahrhunderts von Lepczinsky durchgeführten Arbeiten über Notfallmaßnahmen bei Unterkühlung). All diese Versuche, deren Modelle zum Teil dem pelzlosen Menschen physiologisch sehr ähnlich waren (etwa am Schwein) führten zu genau denselben Schlussfolgerungen, wie man sie im Lager unter ethisch unannehmbaren Bedingungen erzielte. Das wussten die deutschen Forscher durchaus (wahrscheinlich auch Rascher, der zwar hierfür kein Experte war, sich aber in die Materie eingelesen hatte), denn in Hirschau unweit von Dachau führte man Unterkühlungsversuche an Tieren durch. Allerdings lag über dem Forschungszentrum Hirschau der Schatten des Dr. Weltz, der dort unter der Hand womöglich selbst an Menschen experimentierte.

Natürlich hielt Himmler nicht Wort (wobei man sich natürlich fragen könnte, ob ein lebenslanges Eingesperrtsein in einem NS-Lager einem schnellen Tod wirklich vorzuziehen gewesen wäre). Die Unterkühlungsversuche waren womöglich noch qualvoller als die Höhenversuche. Um die Blutwerte nicht zu verfälschen, achtet Rascher strikt darauf, dass seine Opfer nicht etwa betäubt wurden. Er führt zwei Versuchsreihen mit trockener und mit feuchter Kälte durch. Im Rahmen der Trockenunterkühlung setzt er seine Versuchskaninchen einfach in Lumpen oder völlig nackt im Freien dem deutschen Winter aus. Weil die Erfrierungsopfer furchtbar brüllen, bittet Rascher

Himmler, die Versuche nach Auschwitz verlegen zu dürfen, wo mehr Raum zur Verfügung stehe. Für die andere Versuchsreihe füllt man ein zwei mal zwei Meter großes Becken mit Wasser und hält dieses durch Zugabe von Eis konstant auf 2 °C. Einige der Männer, die man dort eintaucht, tragen Fliegermontur und Schwimmweste, andere sind nackt. Mit Unterstützung von Professor Holzlöhner als Zeitnehmer überwacht Rascher mit einem überlangen Spezial-Stethoskop Herz und Atmung der Versuchspersonen direkt im Wasser. Von Zeit zu Zeit holt man die Männer heraus und misst ihre Körpertemperatur, nach Möglichkeit rektal. Wer überlebt kommt in den Genuss einer Sonderbehandlung: Manche wirft man einfach auf eine Matratze, andere hüllt man in Decken, wieder andere legt man zwischen Prostituierte. Himmler und in seinem Gefolge auch Rascher sind nämlich überzeugt, animalische Wärme – die Lebenskraft – sei für die Wiedererwärmung das Beste. Obendrein betätigen sich die feinen Herren auch noch als Spanner, indem sie die Ärmsten zum Koitus auffordern. Nicht, dass viele von ihnen nach einer solchen Behandlung überhaupt dazu in der Lage sind!

Es kommt zu einem Miniatur-Drama, einem tragikomischen Vorfall: Eine der Prostituierten ist nicht nur hübsch, sondern blond und blauäugig. Rascher ist entrüstet, dass eine junge Arierin den Häftlingen zu Diensten sein soll, und erwirkt bei Himmler ihren Ausschluss aus dem Versuch. Der Abschlussbericht des Nürnberger Prozesses führt insgesamt 13 Todesopfer dieser Experimente an, doch dürften es erheblich mehr gewesen sein.

Doch selbst in solchen Situationen glimmt stets ein Hoffnungsschimmer. Es gab Überlebende, deren spätere Zeugenaussagen erschreckend beredt waren. Hendrik Bernard Knol wurde als etwa 20-Jähriger im August 1942 in Dachau interniert. Er musste zwei Experimente über sich ergehen lassen: einen Höhenlagenversuch und einen Unterkühlungsversuch. Nach der Befreiung sagt er beim Amt für die Ermittlung von Kriegsverbrechen in Amsterdam aus:

Eines Morgens befahl man mir, Eisblöcke von einem Lastwagen abzuladen und in ein wassergefülltes Bassin zu werfen. Wozu das dienen sollte, verstand ich nicht, aber das wurde mir kurz darauf klar. Als ich mit dieser Arbeit fertig war, entnahm ein Arzt mir Blutproben; das war im Februar 1943. Abends um neun Uhr musste ich mich auszuziehen. Man legte mir eine Schwimmweste und verschiedene Instrumente an, die ich nicht kannte. Himmler war persönlich bei den Vorbereitungen behilflich, sein Hund war auch dabei. Plötzlich erhielt ich einen Fußtritt und fiel ins eiskalte Wasser. Als ich mich darin befand, fragte mich Himmler, ob ich rot oder grün sei.[3] *Ich sagte ihm, ich sei rot. Daraufhin erwiderte er: „Wären Sie grün, hätten Sie eine Chance gehabt, frei zu kommen."*

Ich weiß nicht, wie lange ich im Eiswasser war, oder was mit mir geschah, denn ich verlor das Bewusstsein. Als ich wieder zu mir kam, lag ich auf einem Bett zwischen zwei splitternackten Frauen, die mich zum Geschlechtsverkehr zu animieren versuchten, aber vergeblich.

Als ich wieder ganz bei Sinnen war, trug man mich auf

die Krankenstation, wo ich drei Tage gut versorgt wurde. Dann nahm ich meine Arbeit wieder auf. Kurze Zeit später hatte ich eine Entzündung an den Zehen und wurde erneut auf die Krankenstation geschickt. Nachdem das verheilt war, etwa im Sommer 1943, rief man mich wieder und zog mir eine komplette Fliegeruniform an. Man legte mir eine Schwimmweste und die gleichen medizinischen Instrumente an wie beim ersten Mal. Dann stieß man mich erneut in ein Becken mit Eiswasser. Ich wurde bewusstlos, und als ich zu mir kam, lag ich in einem heißen Bad. Meine Brust war ganz aufgebläht. Dann legte man mich in eine Art horizontale Kiste, in der es furchtbar heiß war. Ich schwitzte stark. Ich weiß nicht, wie lange ich in dieser Kiste war. Danach lag ich drei Tage lang im Bett und nahm dann meine Arbeit wieder auf.

Einer so präzisen und packenden Schilderung ist nicht viel hinzuzufügen, es sei denn, dass die genannten Instrumente den Kern des ethischen Problems darstellen, das später zu Tage kam. Im Gegensatz zu den Höhenlagenversuchen wurden diese Experimente nämlich mit der erforderlichen wissenschaftlichen Strenge durchgeführt, um verwertbare Resultate zu erhalten. Mehr noch: Während unethische Experimente normalerweise im Verborgenen stattfinden, führte Rascher seine Versuche mit Unterstützung des damaligen Staates durch. Der Gutachter Leo Alexander, der nach der Befreiung mit der Aufklärung beauftragt wurde, fand selbst im zerstörten Labor noch Berge gut dokumentierter Ergebnisse. Der renommierte Dr. Alexander schloss seinen Bericht mit den erschreckenden Sätzen:

Man muss einräumen, dass Dr. Rascher sich blutrünstig verhielt (Autopsie unmittelbar nach der Tötung der Probanden) und sich an Obszönem ergötzte (er ließ die Erfrierungsopfer im Bett zwischen nackten Frauen sterben, um die vergleichsweise Ineffizienz dieser Erwärmungsmethode zu beweisen, maß jedoch bereitwillig die Rektaltemperatur derjenigen, die sich so weit erholten, dass sie den Beischlaf ausüben konnten). Immerhin löste er offensichtlich die Frage, wie man einen Kälteschock am sinnvollsten behandelt.

Abläufe, die zum Tode führen, die besten Methoden, um einen Mann wieder zu erwärmen, die Wirkungslosigkeit des bis dato eingesetzten Ethanols – zu all diesen Fragestellungen liefern die Dachauer Experimente Erkenntnisse, auch wenn Tierversuche, wie wir ja wissen, ausgereicht hätten. Stellen Sie sich die Situation vor: Was würden Sie tun? Vor allem im Hinblick darauf, dass einige der Opfer ja einer Verwertung der Versuchsergebnisse zugestimmt haben? Was würden Sie tun, wenn Sie erführen, dass einige dieser Forscher ihre Talente anschließend in den Dienst der größten Demokratien stellten?[4]

Sigmund Rascher wurde ebenso wie seine Frau im Frühjahr 1945 kurz vor der Befreiung auf Befehl Himmlers verhaftet. Es heißt, der Reichsführer war sehr erbost darüber, dass ihm das teuflische Paar nicht nur eine, sondern gleich mehrere Kindsgeburten vorgegaukelt hatte. Manchmal sorgt die Geschichte selbst für ausgleichende Gerechtigkeit: Nach einem Fluchtversuch wurden Rascher und seine Frau von der SS getötet.

4

„Ihr werdet wahnsinnig werden."

Wilhelm Beiglböck

Der Durst nimmt schwer erträgliche Formen an. Patient liegt apathisch, ganz bewegungsarm, mit halbgeschlossenen Augen da. [...] der Allgemeinzustand [ist] besorgniserregend, die Atmung mühsam. Der Patient hat dunkle Ringe um die Augen. Mundschleimhäute und Lippen sind trocken und mit Krusten bedeckt. [...] Der Patient liegt auf dem Rücken und wälzt sich; er weist zudem einen typischen Starrkrampf mit deutlichen tetanischen Symptomen auf. [...][5]

Seiten über Seiten an Beschreibungen klinischer Bilder. Dutzende Zeilen halten methodisch und peinlich genau die Symptome dieser „Patienten" fest: Derjenige, der dies schreibt, beobachtet, beurteilt, ist ein gewissenhafter Arzt. Fast hätte ich gesagt, ein wahrer Wissenschaftler.

Er muss seine Experimente durchziehen. Seine Schlüsse müssen frei von jeder Unklarheit, jedem Zweifel sein.

Himmler persönlich erwartet auch von ihm, dass er deutschen Fliegern das Leben rettet, die nach einem Absturz tagelang im Meer treiben, bevor man sie (vielleicht) findet.

Viele von ihnen verdursten, nachdem ihre Maschine über dem offenen Meer abgeschossen wurde.

Himmler fordert eine Lösung.

Man muss Meerwasser genießbar machen oder wenigstens herausfinden, wie viel ein Mensch von diesem Wasser trinken kann, das sein Körper nicht verträgt.

Zwei Forscher verteidigen ihre Erfindungen mit Zähnen und Klauen gegeneinander.

Jeder von beiden glaubt, er habe die Lösung gefunden.

Der eine – der Chemieingenieur Berka, Erfinder des Berkatits – hat keinen Hauch eines Zweifels: Ihm ist es gelungen, den widerlichen Geschmack des Meerwassers zu maskieren. In Seenot geratene Flieger brauchen, um zu überleben, nur sein „Wasser" zu trinken.

Der andere – Schäfer – hält Berka für einen Scharlatan und das Trinken von Berkatit für den sicheren Tod. Sein eigenes Verfahren dagegen macht Meerwasser tatsächlich genießbar.

Die Problematik schildert General-Oberstabsarzt Schröder, Chef des Sanitätswesens der Luftwaffe, in seiner Aussage im Nürnberger Ärzteprozess sinngemäß:

Im Mai 1944 besuchte ich das Institut, wo Schäfer mir sein Verfahren vorführte und mir das gefilterte Wasser zu trinken gab. Es war von frischem Wasser nicht unterscheidbar.

Allerdings brauchte man dafür pro Kilogramm Wasser 200 Gramm dieser Salzmischung und einen recht komplizierten Filter. Er passte schwerlich in eine Notfallausrüs-

tung, die ja sehr leicht sein musste. Schäfer versprach mir, sein Verfahren zu verbessern.

Die Alternative ist eigentlich nicht kompliziert: Auf der einen Seite trinkbares, für den Körper ungefährliches Meerwasser, jedoch mit einer für Flieger zu aufwändigen Technik, auf der anderen Seite ein „geschmacklich" genießbares Wasser, für das man ein wenig Zucker und leichtes Material braucht, dessen Unbedenklichkeit jedoch noch nicht erwiesen ist.

Zwischen den Fronten der zuständigen Behörden, die sich beide durchzusetzen versuchen, soll Wilhelm Beiglböck also herausfinden, welches der beiden „Wässer" Schiffbrüchige retten kann. Doch die Zeit drängt, denn es ist 1944, und das Reich, das 1000 Jahre dauern sollte, ist seit kurzem angeschlagen. Also entschließt man sich zu Menschenversuchen.

Alle im Frühjahr 1944 konsultierten medizinischen Kapazitäten in Berlin sind der Meinung, man müsse beide Methoden parallel prüfen.

Man überlegt, Medizinstudenten der Berliner Universität als Freiwillige zu rekrutieren, aber das geht nicht, weil sie auf verschiedene Einsatzorte verteilt sind. Diejenigen, die in den Lazaretten arbeiteten, haben schon mit den vielen Verwundeten alle Hände voll zu tun. Deshalb schlägt das Technische Amt vor, sich in den Konzentrationslagern zu bedienen, denn die, so hört man, quellen ja über von Häftlingen, die sich gewisser Vergehen schuldig gemacht haben und so die Möglichkeit erhalten würden, der Gesellschaft gegenüber etwas wiedergutzumachen.

Noch während die Verwaltungsformalitäten laufen, verliert Beiglböck keine Minute. Wochenlang liest er in Berlin noch einmal die gesamte medizinische Literatur über die Durstproblematik. Er findet keine einzige Studie dazu, wie viel Meerwasser ein Schiffbrüchiger gefahrlos zu sich nehmen kann.

Er erfährt, dass ein Mensch unter ungünstigen Umständen nur drei oder vier Tage, unter idealen Bedingungen acht bis 14 Tage ohne Wasser überlebt. Trinkt er Meerwasser, müssen seine Nieren das massenhaft darin enthaltene Salz bewältigen. Das überfordert sie. Ihre Ausscheidungsgrenze ist rasch erreicht.

Salz zieht Wasser an, das weiß jeder Arzt. Erhöht man die Salzmenge im Urin, pumpt man Wasser aus dem Organismus. Das Harnvolumen wird immer größer, der Körper trocknet aus.

Diese Dehydratation bewirkt furchtbaren Durst, doch das einzige Wasser, das einem Schiffbrüchigen zur Verfügung steht, ist Meerwasser – das ist der Teufelskreis.

Hinzu kommen die Durchfälle, die durch die Salzansammlung im Darm ausgelöst werden und weitere Wasserverluste bedingen. Da es dem Körper nicht mehr gelingt, das aufgenommene Salz vollständig auszuscheiden, verstopft das verbleibende Wasser innere Organe wie die Leber, die daraufhin anschwillt.

All diese Symptome sind im Frühjahr 1944 bekannt.

Man weiß, was Menschen durchmachen, wenn man ihnen Wasser vorenthält.

Man kennt die lebensgefährlichen Risiken.

Bei einer Besprechung am 19. Mai 1944 wird zudem massive Kritik am Berka-Verfahren geäußert. Die anwesenden Ärzte stellen klar: Wer das Wasser trinkt, stirbt innerhalb von zwölf Tagen. Berka nimmt davon nichts an. Auf alles hat er eine Antwort: Er meint, die Zugabe von Vitamin C zu seiner Mixtur fördere die Salzausscheidung durch die Nieren.

Laienhaft stellte er sich vor, dank seiner Lösung könne das Salz den Körper einfach passieren, weil es mit dem Zucker eine Verbindung eingehe; es bilde sich „eine Art Mischkristall".

Bei einer weiteren Besprechung am nächsten Tag überträgt Professor Hans Eppinger, ein Mediziner von Weltrang und einer der berühmtesten Ärzte des Deutschen Reichs, seinem engen Mitarbeiter Wilhelm Beiglböck die Verantwortung für diese Versuche.

Himmler jubelt und erteilt seine Zustimmung.

Die erste Versuchsreihe soll jeweils sechs Tage nicht überschreiten.

Die zweite zwölf ...

Der Prüfplan ist einfach, streng, wissenschaftlich.

Einige bekommen Meerwasser zu trinken, andere mit dem Berka-Mittel behandeltes Seewasser, die dritte Gruppe das nach Schäfers Methode entsalzte Wasser, die vierte Trinkwasser. Wieder andere dürfen überhaupt nichts trinken.

Die „Freiwilligen" sind deportierte Zigeuner aus Buchenwald.

Man hat sie ausgewählt und glauben gemacht, sie seien zur Trümmerbeseitigung in München abkommandiert.

Aber ihr Bestimmungsort ist nicht München, sondern Dachau, wenige Kilometer vor den Toren der bayrischen Großstadt.

Sie werden untersucht, geröntgt und darüber informiert, dass sie an medizinischen Versuchen teilnehmen sollen.

Ein Luftwaffenarzt erläutert den gut vierzig Zigeunern: *Ihr seid jetzt ausgesucht für Seewasser-Versuche; erst werdet ihr gutes Essen bekommen, wie ihr es noch nie gesehen habt, dann werdet ihr hungern und Seewasser trinken. [...] Wisst ihr überhaupt, was Durst ist? Ihr werdet wahnsinnig werden, ihr werdet denken, dass ihr in der Wüste seid, und werdet versuchen, den Sand von der Erde abzulecken.*

Der Arzt sollte Recht behalten.

Innerhalb weniger Tage winden sich die Versuchskaninchen vor Schmerzen. Sie flehen.

Die Zeugenaussagen sind schrecklich. Einige schildern Gebell.

Beiglböck beobachtet, macht Notizen.

Beim Nürnberger Prozess versichert Beiglböck auf Nachfrage sinngemäß:

Ich konnte meinen Versuchspersonen garantieren, dass ihnen nichts geschehen würde. Dass sie einige Tage lang Durst haben würden, ich ihnen aber nicht genau sagen könne, wie lange; ich fügte hinzu, sie würden nicht länger Durst haben, als ich verantworten konnte. Ich erklärte ihnen, wenn sie es nicht mehr aushielten, sollten sie es mir sagen, und ich würde die Sache prüfen.

Die „Sache" wurde nicht überprüft.

Diejenigen, die das mit der Berka-Methode behandelte Meerwasser trinken, leiden an Durst, Schmerzen, Krämpfen. Eingesperrt in Block 14 des Dachauer Lagers fantasieren sie vor Durst. Mit Punktionen prüfen die Ärzte, ob und wie sich ihre Leber verändert.

Ein Pfleger – selbst Häftling – vergisst nach dem Wischen einen Aufnehmer. Die Männer stürzen sich darauf und saugen das Schmutzwasser heraus.

Sie verfälschen damit die Ergebnisse, und Beiglböck merkt es. Außer sich vor Wut verhängt er Strafen. Zwei Häftlinge, die Frischwasser getrunken haben, lässt er am Bett festbinden.

Die Zeugenaussagen der Überlebenden beim Nürnberger Prozess wecken Zweifel an den wahren Todesumständen zweier Versuchspersonen und vor allem an Verhalten und Persönlichkeit Beiglböcks. Einige berufen sich auf seine „Menschlichkeit", andere beschreiben ihn als Folterknecht. Als ein ehemaliger Versuchsteilnehmer namens Höllenreiner am 27. Juni 1947 aussagen soll, stürmt er zur Anklagebank und ohrfeigt Beiglböck. Er wird dafür zu drei Monaten Haft verurteilt. Seine Erklärung für den Vorfall: Er sei sehr erregt, denn dieser Mann sei ein Mörder. Er habe seine Gesundheit ruiniert.

Einen Monat später tritt er erneut in den Zeugenstand:

Ich trank die schlimmere Sorte Meerwasser, die gelbe. Wir waren verrückt vor Durst und Hunger, aber der Arzt hatte kein Mitleid mit uns, er war eiskalt. [...] Ein anderer Zigeuner weigerte sich, Wasser zu trinken. Sie ließen ihn eine rund 50 cm lange Magensonde schlucken und gossen das Wasser in ihn hinein.

Beiglböck rechtfertigt sich zwar damit, er habe alles getan, damit die Versuche möglichst wenig belastend waren, muss jedoch einräumen, dass er die Notizen in den Versuchsprotokollen, die dem Gericht vorliegen, geändert hat, damit die darin festgehaltenen Symptome und die daran ablesbaren Qualen der „Freiwilligen" das Gericht nicht negativ beeinflussen.

Der Mann mit dem Schmiss, dem die Sachverständigen eine „hochentwickelte Persönlichkeit" bescheinigten, „jedoch mit Hang zu abrupten regressiven Episoden", versucht also mit allen Mitteln zu beweisen, dass die von ihm geleiteten Versuche im damaligen Kontext unverzichtbar waren und er keine Möglichkeit hatte, sich den Befehlen seiner Vorgesetzten zu widersetzen.

Die vor dem Prozess von ihm vorgenommenen Verfälschungen, Hinzufügungen und Radierungen in den Versuchsprotokollen besiegeln letztlich sein Schicksal.

Streng wissenschaftlich, so Beiglböck, seien seine Versuche zwar nicht verwertbar, vor allem wegen der „Schummelei" einiger Versuchsteilnehmer, aber immerhin habe er eine Reihe praktischer Ergebnisse daraus ableiten können.

So sei Meerwasser in geringen Mengen besser als Durst, in großen Mengen jedoch gefährlich. Und wer längere Zeit Meerwasser trinke, solle gleichzeitig Calcium einnehmen.

Zum Dilemma Berka/Schäfer bekräftigt er die

längst bekannte Tatsache, dass das Berka-Wasser nutzlos ist und man mit Schäfers Methode Trinkwasser erzeugen kann.

Professor Andrew Ivy bestätigt zudem im Zeugenstand, die Methode sei mit dem von der US Army eingesetzten Verfahren identisch.

Das Gericht erinnert in seiner Urteilsbegründung daran, dass „ein Arzt sich nicht hinter einem Vorgesetzten verstecken darf, auch nicht beim Militär und auch nicht in Kriegszeiten".

Hält man wie Professor Ivy zugute, dass ein tödlicher Ausgang nicht von vornherein bewusst beabsichtigt war, bleibt doch die Tatsache, dass man für diese ebenso wie andere Versuche [...] Häftlinge heranzog, die sich Experimenten nicht entziehen konnten, die man echten deutschen Freiwilligen, Studenten oder Soldaten nicht zumuten mochte. Der experimentelle Dämon, der Himmler und seine Ärzte antrieb, hatte sich offenbar der hohen medizinischen Kreise der Luftwaffe bemächtigt, die zwar nicht vom NS-Geist beseelt waren, dafür aber mit diesem Teufel einen Pakt schlossen.

Beiglböck wird zu lediglich 15 Jahren Haft verurteilt, von denen er nicht einmal die Hälfte einsitzt. Schon 1952 praktiziert er wieder, und zwar bis zu seinem Tod 1963 als Chefarzt im Krankenhaus von Buxtehude.

5

„Nur zu, experimentieren Sie! Irgendetwas wird schon dabei herauskommen."

Wissenschaft aus der Sicht Himmlers

Himmler war kein Arzt, aber auf seinem Nachttisch lag ein Exemplar von Hippokrates' Werken. Was hatte der „Vater der Medizin" am Bett des Mannes zu suchen, den man nach dem Ende des Zweiten Weltkriegs einen „Jahrhundertmörder" nannte?

Das Buch war ein Geschenk seiner späteren Ehefrau Margarete Boden. Die einige Jahre ältere Krankenschwester machte den farblosen Diplomlandwirt mit sämtlichen damals populären Pseudowissenschaften bekannt, einem Wirrwarr aus Homöopathie, Radiästhesie, Mesmerismus, Haferbädern und Kräuterkunde. Ich persönlich bin zwar von der Wirksamkeit von Naturheilverfahren nicht überzeugt, habe aber auch nichts gegen sie. Niemals hätte ich jedoch die Möglichkeit in Erwägung gezogen, dass sie einen Hühnerzüchter in Waldtrudering zum Massenmörder machen könnten. Tatsache ist: Bevor er zum „Reichskommissar für die Festigung deutschen Volkstums", Chef der deutschen Polizei und Reichsführer der SS aufstieg

– kurz gesagt zu Himmler wurde –, hatte Heinrich Himmler gerade erst mit Mühe seinen Landwirtschaftsstudium an der Technischen Hochschule München abgeschlossen. Er glaubte an die Rückkehr zu Mutter Natur und an die Tugenden der Landarbeit und liebte das Vieh, das er zum Schlachthof schickte.

Er glaubte an vieles, wie ein Blick auf die „wissenschaftlichen" Untersuchungen zeigt, mit denen er die 1935 gegründete Forschungsgemeinschaft Deutsches Ahnenerbe beauftragte, die so gut wie ausschließlich von der SS, genauer gesagt Himmler selbst gesteuert wurde. Er war der festen Überzeugung, die „arischen Herrenmenschen" stammten nicht wie Normalsterbliche vom Affen ab (vor Leuten, die den Darwinismus leugnen, sollte man sich immer in Acht nehmen), sondern aus Atlantis oder vom Himmel, und zwar aufgrund der Klimabedingungen und des ewigem Schnees (zwei weitere seiner „wissenschaftlichen" Marotten). Um das zu beweisen, sandte er Grabungsteams in aller Herren Länder, um jeden greifbaren „Beweis" für die – germanische – Ur-Zivilisation heim ins Reich zu holen.

Im französischen Montségur sucht eine Expedition den Gral. Himmler persönlich spürt dort den Quellen des Lebensbrunnens nach. Eingeschüchtert von der prachtvollen Schwarzen Madonna im Kloster Montserrat reist er unverzüglich nach Barcelona, wo ihn Anhänger Francos erwarten, und weiter nach Berlin. In Italien will er nicht nur beweisen, dass die italienischen Verbündeten letztlich Vettern ersten Grades der Deutschen sind, sondern sich obendrein ein antikes Buch aneignen: Tacitus' *Germania*. Es soll die Bibel ablösen, die in seinen Augen ein entartetes Alter Ego des Judentums und damit fast genauso gefährlich wie dieses ist. In Tibet will er den Nachweis erbringen, dass dort nach dem Untergang von Atlantis einige Arier Zuflucht fanden. Im finnischen Karelien nehmen Volksmusik-Wissenschaftler „Zauberer" auf Tonband auf, um womöglich mit Hilfe ihrer Magie die ultimative Waffe zu rekonstruieren – weder eine Messerschmitt-Maschine noch den Prototyp der V2-Rakete, sondern den Thorshammer! All das ist garniert mit einer Portion SS-Mystik, einem Kuddelmuddel von Glaubenslehren mit Wagnerianisch-naturbewegtem Anstrich, die griechische und germanische Sagen vermengen. Himmler verordnet der SS sogar heidnische Zeremonien wie das große Begattungsfest, nach dem die verausgabten Orgien-Teilnehmer einen „Lebensleuchter" erhalten. Jedes „arische" Neugeborene bekommt von seinem SS-Paten (meist Himmler selbst) ein blaues „Lebensband" überreicht. Nach dem Anbruch des auf 1000 Jahre veranlagten Großgermanischen Reichs sollte die Doppelehe erlaubt sein, allein schon, um die verwüsteten Gebiete wieder zu bevölkern ... Diese pubertäre, erschreckend vereinfachte und eingängige Version von Nietzsches Weltbild enthält einen Tropfen Idealismus, aber ganze Sturzbäche von Groll.

Schauen wir ihn uns an: Von seinen Geschwistern gedeckelt, schlägt der kurzsichtige Knabe (der ohne Brille nicht auskommt; an ihr wird er 1945 auf der Flucht erkannt) 1914 die Offizierslaufbahn ein, darf aber wegen seiner Jugend und Sehschwäche nicht in den Krieg ziehen. Der Sohn eines Intellektuellen (der Vater war Hauslehrer des Wittelsbacher Kronprinzen Heinrich von Bayern) ist nur ein mittelmäßiger Schüler, der gern Arzt geworden wäre, sich aber mit einer Stelle als Laborassistent begnügen muss. Als Krönung des Ganzen scheitern seine (aus Schüchternheit) seltenen, aber beharrlichen Avancen bei Frauen. Notgedrungen liest er viel, aber das Einzige, was ihn fesselt, ist die Mär von einer besseren Welt voller Herrenmenschen – jener hochgewachsenen blonden, blauäugigen Männer, die er später für die Leibgarde des Führers auswählt. Als Auslöser seiner Begeisterung für den nordischen Typus sehen manche entweder seine erste Frau Margarete oder seine Vorliebe für die stets blonden griechischen Sagenhelden von Achill bis Orestes. Es heißt sogar, Himmler habe eine Studie über die „griechische Nase" in Auftrag gegeben, um mit Hilfe des Lebensborns (und dessen Entbindungs- und Kinderheimen) eine Elitetruppe aus geklonten Apolls zu züchten. Dabei war sein eigenes Aussehen ganz sicher nicht geeignet, als Vorbild zu dienen. Doch die arische Rassenideologie unterlag teilweise abstrusen Gesetzen: Attila, Dschingis Khan und Stalin wurden so zu „Trägern verlorener germanischer Gene", einer Art Vampire erster Klasse, die es zu vernichten galt, genau wie die Slawen und Untermenschen.

Besessen von der Medizin, geriert sich Himmler nicht nur mit Vorliebe als Beschützer der Wissenschaft, sondern auch als Visionär, der den zweifelhaftesten Praktiken freie Hand lässt. Als Mussolini im August 1943 entführt wird, beruft er Chiromanten,

Zauberer und Hellseher zu einer spirituellen Séance, auf die er nach dem Scheitern einer telepathischen Kontaktaufnahme mit dem *Duce* seine Hoffnung setzt. Selbst in den Lagern lässt er einen Aushang anschlagen:[6]

Der Reichsführer-SS und Chef der deutschen Polizei benötigt für eine vertrauliche Mission von großer Wichtigkeit für die Reichssicherheit Okkultisten, Handleser und Wünschelrutengänger. Alle, die über Kenntnisse in diesem Bereich verfügen, sei es beruflich oder als Liebhaberei, melden sich heute Abend bei ihrem Blockwart. Bei ehrlicher Bereitschaft zur Mitwirkung steht ihnen bessere Verpflegung und sogar eine Entlassung in Aussicht.

Im KZ Sachsenhausen sind offenbar Experten aller Art interniert, denn auf den Aufruf melden sich sage und schreibe 200 Personen. Einige wenige handverlesene bringt man nach Wannsee und fragt sie, ob sie „mit einer wichtigen Persönlichkeit in Kontakt treten" können.

Einer der Okkultisten ist der Abbé Le Moing. Er erzählt:

– Anfangs dachte ich, es gehe um Göring und man fürchte, er habe die Seiten gewechselt. Dieselbe Frage stellte man auch Verweyen. Er war besser im Bilde als ich und begriff sofort, dass sie an Mussolini dachten und wissen wollten, wo man ihn interniert hatte. Ich hörte, dass sie den Duce erwähnten. Auf dem Tisch war eine große Italienkarte ausgebreitet, über die ließ ich mein Pendel wandern. Es kam über der Insel Elba zur Ruhe. Ich dachte an Napoleon, für den sich Himmler sehr interessierte.

– Himmler?

– Ja, er war dabei, mit seinen Offizieren und seinem Generalstab. Ich behielt sie im Auge, aber als mein Pendel über Elba stehen blieb, gefiel ihnen das offenbar nicht ... Also setzte ich es wieder in Bewegung, nach Sardinien ... Da begannen sie zu strahlen. Mir wurde ganz heiß – war der Duce auf Sardinien oder auf einem Schiff? Ich hatte keine Ahnung. Mein Pendel beschrieb große Achten und Spiralen über weite Teile dieser Mittelmeerregion. Eine der Achten verlief über die Insel La Maddalena. Himmler zuckte zusammen. Ich blieb dort. Ich begriff, dass sie Informationen besaßen, diese aber nicht ausreichten; Himmler sagte zu seinem Adjutanten: „Drei Zigarren für den Pariser Abt."

Als man den Duce wenige Tage später ausfindig macht, befindet er sich weit weg von Sardinien im Gran Sasso-Massiv hoch oben im Apennin, und ausgeschleust wird er weder per Schiff noch mit Hilfe eines Pendels, sondern durch einen kunstfertigen deutschen Segelflieger namens Skorzeny. Doch abgesehen davon ist die Prophezeiung – wie soll man sagen? – von beängstigender Genauigkeit ...

All diese nebulösen Thesen wären fast schon zum Schmunzeln, und wenn Sie den Eindruck haben, sie würden eine gute Vorlage für eine mittelmäßige bis fabelhafte Hollywood-Produktion ergeben, liegen Sie goldrichtig, denn die Missionen des Archäologischen Instituts der Forschungsgemeinschaft Ahnenerbe inspirierten Steven Spielberg zu seinem Dreiteiler über *Indiana Jones*. Doch selbst er verzichtete vorsichtshalber auf die Figur Karl Maria Wiliguts, der 1927 aus der Nervenheilanstalt entlassen wurde, für Himmler Studien zur Prähistorie der germanischen Völker betrieb und bis 1935 eine brillante Karriere im engsten Kreis um Himmler genoss. Manchmal ist die Wirklichkeit einfach zu irrwitzig, um filmreif zu sein.

All diese Thesen wären also fast schon zum Schmunzeln, hätten sie nicht die Zustimmung vieler „echter" Wissenschaftler der damaligen Zeit gehabt und ihren Opfern in letzter Konsequenz Leid und Tod gebracht. Das bezeugt schon die Zusammensetzung der Forschungsgesellschaft Ahnenerbe. In ihrem Auftrag reist beispielsweise Bruno Beger glänzender Laune nach Tibet und erforscht die Völker im Hochland, wo man einen Zufluchtsort der Atlantiden vermutet. Geleitet wird das vom Historiker Herman Wirth gegründete Institut ab 1937 von Walther Wüst, der spätere Rektor der Münchner Universität. Seine Persönlichkeit und wissenschaftliche Aura locken zahlreiche Gelehrte an das Institut, vorwiegend Historiker, Sprachwissenschaftler, Archäologen und ... Mediziner. Der Verein Ahnenerbe ist verantwortlich für die Leiden von Raschers „Versuchskaninchen" (siehe Kapitel 2 und 3), Beiglböcks Meerwasserexperimente (siehe Kapitel 4) sowie für die Ermordung von rund hundert Insassen des KZ Natzweiler, deren Skelette die anatomische Sammlung der Universität Straßburg bereichern sollten (siehe Kapitel 8). Die Angehörigen des Ahnenerbes begründen ihre Mitwirkung damit, sie hätten sich so dem Gemetzel an der Front entziehen wollen. Später werden sie nach dem Grundsatz „im Zweifel für den Angeklagten" freigesprochen und kehren nur mit ihrem eigenen Gewissen als Richter auf ihre Lehrstühle zurück. Lediglich der Verwaltungsleiter Wolfram Sievers wird zum Tode verurteilt. In einer der berühmtesten Aussagen des Nürnberger Ärzteprozesses berichtet er den Zuhörern hasserfüllt, er habe die Ermordung von mehr als hundert jüdischen Häftlingen im KZ Natzweiler-Struthof beantragt, um ihre sterblichen Überreste Professor Hirts Skelettsammlung zuzuführen.

Himmler selbst fehlt auf der Nürnberger Anklagebank, denn er kann fliehen. Im Mai 1945 greifen ihn die Briten in Lüneburg auf. Aus eigener Vorsicht oder der seiner Vorgesetzten trägt er eine Giftkapsel bei sich. Sergeant Major Edwin Austin schildert seine Begegnung mit dem ehemaligen Reichsführer am 23. Mai 1945:

Ich wusste nicht, dass es sich um Himmler handelte, nur, dass er ein wichtiger Gefangener war. Als er den Raum betrat, war er nicht die elegante Erscheinung, die wir alle kennen, sondern in Armeehemd und Unterhosen, in eine Decke gewickelt, [aber] ich erkannte ihn sofort. Ich deutete auf eine freie Liege und sagte zu ihm auf Deutsch: „Das ist Ihr Bett. Ziehen Sie sich aus." Er sah mich an, sah dann einen Dolmetscher an und sagte: „Er weiß nicht, wer ich bin!" Ich erwiderte: „Das weiß ich sehr wohl. Sie sind Himmler, aber das ist trotzdem Ihr Bett. Ziehen Sie sich aus!" Er starrte mich an, aber ich starrte zurück. Schließlich senkte er den Blick, setzte sich auf das Bett und begann, sich die Unterhose auszuziehen. Der Arzt und der Oberst kamen herein und der Arzt begann die übliche Suche nach Gift, denn wir vermuteten, dass er welches bei sich hatte. Er schaute zwischen den Zehen nach, überall am Körper, un-

ter den Achseln, in den Ohren, hinter den Ohren, in seinen Haaren. Und dann forderte er Himmler auf, den Mund zu öffnen. Der gehorchte und fuhr sich mühelos mit der Zunge über die Lippen. Aber das reichte dem Arzt nicht. Er forderte ihn auf, näher ans Licht zu treten. Das tat er und öffnete den Mund. Der Arzt versuchte, mit zwei Fingern in seinen Mund einzudringen, wohl, um genauer nachzusehen. Aber da riss Himmler plötzlich den Kopf zur Seite, schlug dem Arzt die Zähne in die Finger und zerbiss dabei die Giftkapsel, die er seit Stunden im Mund gehabt hatte. Der Arzt sagte: „Er hat's getan!" [...] Als er tot war, breiteten wir eine Decke über ihn und ließen ihn liegen.

Seinem Privatsekretär zufolge besaß Himmler einen manischen Forscherdrang, der ihn unablässig dazu trieb, immer neue Verfahren in allen Bereichen zu testen. So ordnet er im Juli 1944 nach dem Anschlag auf Hitler Versuche mit LSD und Meskalin an, um an das berühmte Wahrheitsserum zu gelangen. In Dachau lässt er an acht Häftlingen den mexikanischen Peyote-Kaktus ausprobieren, aus dem man Meskalin gewinnt.

„Nur zu, experimentieren Sie! Irgendetwas wird schon dabei herauskommen", laute die Antwort, die der vermeintliche Hippokrates-Jünger für gewöhnlich Ärzten gab, die ihm immer grausamere Experimente unterbreiteten. Wie anders dagegen das berühmte Diktum von Ambroise Paré: „Heilen – manchmal, lindern – oft, trösten – immer."

6

Der „Schlächter von Mauthausen"

Aribert Heim

Am 28. 6. 1914 in Radkersburg als Sohn deutscher Eltern geboren, besuchte ich dortselbst die Volksschule und absolvierte in Graz die Mittelschule mit Erwerb des Reifezeugnisses. Ab 1931 studierte ich an der Universität Wien, wo ich an der philosophischen Fakultät das Latinum ablegte und ich 1933 das Medizinstudium begann. Das Studium verdiente ich als Werkstudent unter anderem durch Erteilung von Nachhilfeunterricht. 1937 studierte ich in Rostock und hospitierte dort an der medizinischen Universitätsklinik. Im Januar 1940 beendigte ich in Wien das Medizinstudium durch Ablegen des Staatsexamens und promovierte gleichzeitig. Anschließend nahm ich an einem Kieferchirurgischen Kurs teil und trat am 17. 4. 40 zur Erfüllung meiner Wehrdienstpflicht in die Waffen-SS ein. Nach Vollendung meiner Rekrutenausbildung bei dem SS-ErsBtl. Deutschland bis Ende Juni 1940 in München war ich an folgenden Stellen als Truppenarzt tätig: SS-Sanitäts-Ers. Batl. Prag, moto. Bereitschaftslazarett des DRK, SS-Ergänzungsamt Berlin, 6. SS-Gebirgs-Division und: Sanitäts-Kompanie in Russland, Finnland, Norwegen und Frankreich ...[7]

Diesem mustergültigen Lebenslauf hätte Aribert Heim noch seine Tätigkeit beim Roten Kreuz, als

Profi-Eishockeyspieler und Lagerarzt in den Lagern Buchenwald, Sachsenhausen und Mauthausen hinzufügen können. Allerdings ist der weit über 1,90 Meter große sportliche Hüne zurückhaltend, wenn es um seine treuen Dienste in Konzentrationslagern geht. So dauert es Jahre, bis die hässliche Wahrheit über seine Taten bekannt wird.

Ans Licht kommt sie erst nach und nach durch Beharrlichkeit und Zufall. Als Arzt im „Revier", wie die Krankenstation im Lagerjargon hieß, absolviert Heim eine zwar kurze, aber fulminante Laufbahn: In nur wenigen Wochen hinterlässt er im KZ Mauthausen bei seinen „Patienten" so tiefe Spuren, dass sie ihn als „Schlächter" titulieren. Als größtes Arbeitslager im ganzen besetzten Europa grassieren in Mauthausen Krankheiten und Epidemien aller Art. Die Ärzte sollen für Ordnung sorgen, sprich, den Tod der Häftlinge beschleunigen. Dabei zeigt der junge Dr. Heim sein wahres Gesicht. Der „Schlächter von Mauthausen" wird mehr und mehr zu „Dr. Tod".

Der neue Schimpfname spiegelt sein unnachahmliches Geschick wider, in Rekordzeit tödliche Benzin- oder Giftinjektionen direkt ins Herz zu setzen, um die Kranken möglichst schnell loszuwerden. Als gewissenhafter Sportler stoppt er die Zeit, um ja nicht zu verpassen, wenn er in seinem neuen Lieblingssport – dem Massenmord – seine Bestzeit erneut unterboten hat. Die Häftlinge haben panische Angst davor, krank zu werden und mit den Skalpellen und Spritzen des Dr. Heim Bekanntschaft zu machen. So niederträchtig die übrigen Ärzte von Rascher bis Clauberg auch waren, versuchten sie immerhin noch, das Leben derer zu retten, die sie für menschlicher als die anderen hielten. Dr. Heim dagegen will einfach nur töten. Mit der Stoppuhr in der Hand will er sehen, in welcher Zeit der Tod ein Leben verschlingt. Schon im Studium genoss er das Sezieren von Leichen (das einem angehenden Arzt lediglich zur Anschauung dient). Nun erfindet er eine Forschungsreihe, die ihm lediglich als Alibi für seinen Sadismus dient: Wie lange überlebt ein Mensch ohne Leber, ohne Nieren, ohne Herz? Fragen wie diese treiben den grausamen Hünen um. Die Stoppuhr legt Dr. Tod lediglich beiseite, um sein Skalpell zu zücken. Seine Opfer sind nicht nur lebendig, sondern nicht auch selten bei Bewusstsein, denn für eine Betäubung sieht der „Schlächter" keinen Anlass. Zudem findet man ja auf diese Weise heraus, wie viel Schmerzen ein Mensch aushält. Seinen Kieferchirurgischen Kurs hat er, der als Student die Übungen im Sektionssaal so gern mochte, ebenfalls in guter Erinnerung. Er nutzt seine Kenntnisse oft und gern: Nie vergisst er, den Häftlingen in den Mund zu schauen und den Zustand ihrer Zähne zu prüfen. Warum? Aus dem Zusammenhang gerissen, klingt die Antwort unfassbar unmenschlich. Erweist sich das Gebiss nämlich als tadellos, tötet Heim den Betreffenden mit einer Injektion, schneidet ihm den Kopf ab, lässt diesen im Krematorium „auskochen", bis er von allem Fleisch entblößt ist, und schenkt den präparierten Schädel Freunden als Schreibtischschmuck. Diese Technik hatte er zweifellos von seinen Kollegen in Buchenwald gelernt.[8]

Doch auch ein weniger tadelloses Gebiss nützte

den Häftlingen nichts. Wer krank war, kam in den Genuss einer gründlichen Befragung über seine familiären Umstände, aber nicht in medizinischer Hinsicht, wie man erwarten würde, sondern finanzieller Art. Es ist durchaus denkbar, dass Heim entsprechende Honorare einstrich, seine Opfer also obendrein noch bestahl, doch das ist nicht erwiesen. Jedenfalls nahm er nach der Zahnuntersuchung völlig überflüssige Operationen an Gesunden vor, die er mit Phrasen überzeugte, etwa, dass es sich nur um eine kleine harmlose Operation handle und sie nach Wiederherstellung sofort entlassen würden. Ob er Wort hielt, stand nie zur Debatte, denn In Wirklichkeit führte er komplizierte Operationen an Magen, Leber und Herz durch, die unweigerlich zum Tode führten.

Auch wenn es keine Überlebenden solcher Verstümmelungen gab, konnten ihre Mithäftlinge nach der Befreiung des KZ Zeugnis ablegen. Einer von ihnen war der ehemalige Kapo Karl Kaufmann, der Dr. Heim unterstand. Was er schilderte, ist so furchtbar, dass ich ihm selbst das Wort überlasse:

Karl Kaufmann: Zu dieser Zeit kamen sehr viele Transporte nach Mauthausen, darunter viele Juden und viele andere Nationalitäten. Dr. Heim war Lagerarzt. Seine größte Arbeit, die er dort vollbrachte, war, dass er oft in der Woche 3–4 Mal abends nach dem Appell 26–30 arbeitsunfähige Häftlinge in die Ambulanz bestellte, und sie dort mit Benzineinspritzungen in die Vene oder in das Herz tötete. […]

Viele der Häftlinge wussten, dass das ihr letzter Gang ist, und sträubten sich, wurden aber mit Gewalt von Seite einiger Blockältester, die heute nicht mehr am Leben sind, in das Revier gebracht und dort in ein kleines Zimmer gesperrt, bis Dr. Heim kam und einen nach dem andern herausholen ließ. Der gleiche Vorgang war auch bei den jüdischen Häftlingen. Diese armen jüdischen Kameraden wussten alle, dass sie diesen Raum nie mehr lebend verlassen werden. Sein Helfershelfer war ein gewisser Häftling, Franz Kollitsch, aus Wien, der als Berufsverbrecher sich im KZ Mauthausen befand. Kollitsch wurde ebenfalls in den Tagen des Umbruchs von seinen Mithäftlingen liquidiert. Einmal an einem Sonntag, an das Datum erinnere ich mich nicht mehr, als wieder 30 Juden antreten mussten, die zur Tötung vorgesehen waren, befand sich unter ihnen ein holländischer Jude, ca. 30–35 Jahre alt, der als siebenter an die Reihe kam. Dr. Heim stand mit verschränkten Armen beim Instrumentenkasten, der sich in der Ambulanz befand, und gab mir folgende Weisung:

„Sie, Obermacher, sechs Mann hab ich bis jetzt erledigt, jetzt walten Sie Ihres Amtes." Ich antwortete ihm darauf, dass ich so etwas überhaupt nicht mache und kann als Häftling auch dazu nicht gezwungen werden. Dr. Heim sagte mir, was ich machen würde, wenn er mir jetzt sämtliche Scheren in den Rücken stechen würde. Ich antwortete ihm, auch dann könnte ich das nicht machen und erklärte, dass ein Befehl von Obergruppenführer Dr. Pohl in der Kanzlei aufliegt, wo es heißt, dass Häftlinge zu derlei Sachen nicht gezwungen werden können. Der genannte Jude lag während dieser ganzen Zeit schon auf dem Operationstisch. Dr. Heim ging zu ihm hin, riss ihn vom Operationstisch herunter, packte ihn rückwärts beim Genick und führte ihn zum Spiegel, der an der Wand angebracht war, mit

den Worten: „Da, schau dir dein Ponen an, so etwas kann der Führer nicht brauchen", und befahl ihm, sich wieder auf den Operationstisch zu legen. Der Häftling legte sich hin, mit den Worten: „Kommen Sie jetzt, Sie Massenmörder." Dr. Heim wurde ganz blass im Gesicht, stürzte sich zu dem Juden und schlug ihm mit den Fäusten auf die Brust und ins Gesicht. Hierauf verabreichte er ihm die tödliche Injektion. [...]

Einmal an einem Sonntag wurde ein tschechischer Jude von Prag, der sich als Häftling in Mauthausen befand, in die Ambulanz gebracht mit einer Phlegmone (bakterielle Entzündung der Haut bzw. unter der Haut, Wundrose) am linken Unterschenkel. Dr. Heim sagte zu ihm, dass er ihm die Phlegmone aufschneiden wird. Der Häftling musste sich ausziehen, wurde auf den Operationstisch gelegt und Dr. Heim schnitt ihm bei vollem Bewusstsein den Bauch von oben bis unten auf. Der genannte Häftling starb in Kürze unter furchtbaren Schmerzen, da Dr. Heim ihm teilweise die Gedärme und ein Stück von der Leber und der Milz herausnahm. Warum Dr. Heim bei diesem Häftling diese Prozedur vornahm, blieb mir sowie den anderen Häftlingen, die dabei waren, unbekannt. Jedenfalls macht Dr. Heim solche Prozeduren mit lächelnder Miene. Ein alter jüdischer Häftling kam einmal zu uns in den Operationssaal, an einem Nachmittag, wo Dr. Heim und ich in demselben waren. Dieser alte ca. 70-jährige Mann sagte wortwörtlich: „Herr Obersturmführer, Sie operieren sehr gerne, schauen Sie her, ich bin ein alter Mann und werde ja so nicht mehr lange leben, operieren Sie mich, ich habe einen schweren Leistenbruch. Ich weiß ja so, dass ich in einigen Tagen sterben muss." Dr. Heim war sofort damit einverstanden und wir operierten den genannten Häftling, aber nicht seine Hernie, sondern Dr. Heim schnitt ihn auf und wühlte in der Bauchhöhle herum, sah sich die Leber und die Milz an, nach Durchtrennung des Zwerchfells wurde die Bauchhöhle wieder zugenäht. Jedenfalls war der Wunsch dieses armen Häftlings erfüllt, da er tot aus dem Operationssaal hinausgetragen wurde. Wie viel Häftlinge Dr. Heim durch seine Experimente und Benzineinspritzungen tötete, kann ich nicht genau angeben. [...] Jedenfalls wurde hier keine Ausnahme gemacht. Die Juden wurden ohne Unterschied, ob jung oder alt, auf diese Art und Weise unzählig liquidiert, und auch die anderen Nationen, wohl aber von denen nur solche, die schwach und arbeitsunfähig waren.

Innerhalb weniger schrecklicher Wochen von Oktober bis November 1941 operiert Heim sage und schreibe 240 Personen. Im „Totenbuch" von Mauthausen stehen ihre Namen. Zeugen zufolge fehlen darin einige, jedoch nicht aus Nachlässigkeit von Dr. Tod, sondern wegen seines Eifers, denn es sind einfach zu viele. Gegen Ende des Jahres füllen sich die Seiten in einem gemäßigteren Rhythmus – kam eine Epidemie endlich zum Erliegen? Nein. Dr. Tod ist fort, um anderswo die Pest zu verbreiten, offenbar zunächst im benachbarten Lager, dann als Angehöriger der SS-Gebirgsdivision Nord in Finnland. „Der Tod" versteckt sich zwischen den Soldaten.

Nach der Befreiung verhaften ihn die Alliierten, jedoch nicht als „Schlächter von Mauthausen", sondern in dem Glauben, er sei ein einfacher Offizier wie viele andere, sodass er schon nach wenigen Wochen entlassen wird. Er heiratet und lässt sich als Frauenarzt in Baden-Baden nieder. Das Pärchen lebt herrlich und in Freuden, bis die Justiz wieder wach wird und begreift, welchem Monstrum sie die Freiheit geschenkt hat. Man schreibt das Jahr 1962, die Verbrechen sind über 20 Jahre her. Ich frage mich, ob Justitia deshalb oft mit verbundenen Augen dargestellt wird, weil sie manch einen Kriminellen übersieht. Aribert Heim bleibt nicht nur bis 1962 unbehelligt, sondern kann trotz der eingeleiteten Verfahren entwischen. Immerhin bedeutet das für ihn lebenslanges Exil.

Ab den 1960er-Jahren tauchen in den Schlagzeilen regelmäßig die abenteuerlichsten Gerüchte über einen der weltweit meistgesuchten NS-Verbrecher auf (Brunner war einer der Organisatoren der Endlösung). Gesichtet wird das Monstrum in Uruguay, in Chile, in der Schweiz und in Spanien. Jahrelang gilt Heim als Verkörperung des Bösen schlechthin, als mutmaßlicher Urheber von Dramen, Tragödien, Katastrophen, den man nie zu fassen bekommt ... bis 2012. 2009 behaupten die *New York Times* und das ZDF, Belege für den Tod Heims gefunden zu haben: Er habe unter dem Namen Tarek Hussein Farid in Kairo gelebt, sei zum Islam konvertiert und 1992 an Darmkrebs gestorben. Die Meldung enthielt Zeitungsausschnitte über den „Schlächter von Mauthausen". Die *New York Times* stellt Papiere ins Netz, die aus einer geheimen Aktentasche Tareks stammten, und die Fahndung nach ihm, medizinische Unterlagen Heims, ein Testament und einen Brief mit „Rechtfertigungen", in dem er seine Angehörigen entlastet und ... den Vorwurf des Antisemitismus zurückweist! In der Tat haben die Taten des Dr. Tod schwerlich etwas mit Ideologien zu tun, denn er hätte jeden x-Beliebigen mit seinem Skalpell umgebracht. Nicht, dass ihn das entschuldigen würde!

Das sadistische Ungeheuer Heim betrachtete KZ-Häftlinge als Freiwild für seine Experimente, während jeder normal veranlagte Arzt nicht einmal Mäusen eine solche Behandlung zumuten würde. Das Simon-Wiesenthal-Zentrum, das sich der Verfolgung ehemaliger Nazi-Verbrecher verschrieben hat, blieb trotz der vielen Beweise für Heims Tod skeptisch, doch 2012 entschied ein deutsches Gericht: *Dr. Tod ist tot.*

7

„Ob freiwillig oder nicht, die Versuche finden statt!"

August Hirt

Rundes Gesicht, verkniffener Mund, schmale Lippen – Professor Dr. August Hirt ist bei seinen Arbeitskollegen an der medizinischen Fakultät der Reichsuniversität Straßburg nicht sehr beliebt. Sie haben allen Grund dazu.

Hirt ist extrem paranoid. Und ein exzellenter Beobachter.

Überall wittert er Feinde. Persönliche Feinde, aber auch Gefahren für sein Vaterland.

Darum lauscht er. Er spioniert und denunziert.

Er terrorisiert seine Kollegen und Mitarbeiter.

Hirt ist nicht nur mit Leib und Seele knallharter SS-Mann, der bis zum Sturmbannführer aufsteigt, sondern auch überzeugter Rassist. Als Mitglied der Forschungsgemeinschaft Ahnenerbe[9] spielt er zudem eine entscheidende Rolle beim Rasse- und Siedlungshauptamt (RuSHA), das für die ideologische und rassische Reinheit der Schutzstaffel und vor allem für die Rassenuntersuchungen und Ehegenehmigungen von SS-Angehörigen zuständig ist.

Zudem ist er anerkannt als einer der führenden Experten für Senfgas, auch Lost oder Yperit genannt, das schon im Ersten Weltkrieg den Alliierten böse Überraschungen bereitete, denn nicht einmal Gasmasken schützten die Soldaten vor dem tückischen Giftgas.

Schon ein kurzer Hautkontakt hat katastrophale Folgen. Im ersten Augenblick spürt das Opfer überhaupt nichts. Erst einige Stunden später rötet sich die Haut und brennt. Zwei bis drei Tage später wirft sie Blasen und löst sich ab.

Dennoch bittet man nicht Hirt, ein Gegenmittel zu entwickeln. Himmler ist geradezu besessen von dem Vorhaben, denn er glaubt fest, dass die Alliierten den Einsatz chemischer Kampfstoffe planen und mit Giftgas das Ende des Dritten Reichs einläuten werden.

Die deutschen Streitkräfte sind darauf nicht vorbereitet. Himmler vertraut sich dem Führer an, doch vergeblich, denn Hitler denkt an seine Offensive im Osten.

Himmler will von Grawitz, Reichsarzt der SS, Antworten hören.

Grawitz empfiehlt Himmler nicht etwa Hirt, sondern Dr. Sonntag, auch er ein Spezialist für Giftgase.

Sonntag macht drei Wochen lang Versuche im Lager Sachsenhausen.

Seine menschlichen Versuchskaninchen leiden entsetzlich.

Ohne Ergebnis. Ein Reinfall.

Daraufhin empfiehlt man Himmler den in Straßburg tätigen August Hirt.

Im annektierten Elsass-Lothringen ist die medizinische Fakultät der Reichsuniversität Straßburg voll und ganz dem NS-Regime zu Willen.

Für Professor Hirt, der wie viele seiner SS-treuen Kollegen nach Anerkennung giert, rückt der Tag seines Ruhms damit in greifbare Nähe. Wie würde er strahlen, hätte ihm nicht eine Kugel im Ersten Weltkrieg den Kiefer zertrümmert und ein Grinsen so gut wie unmöglich gemacht. Aber das macht nichts, denn er weiß genau, was er Himmler sagen wird: Er hat Ergebnisse vorzuweisen, auch wenn es eigentlich nur Ansätze sind, denn schon vor dem Krieg hat er Gegenmittel für Lost getestet. An Ratten.

Ein Tropfen Lost auf dem Rücken tötete die Tiere innerhalb von 24 bis 48 Stunden.

Doch bevor er die Ratten mit Senfgas vergiftete, hatte Hirt einigen prophylaktisch Vitamin A verabreicht. Die vorbehandelten Tiere hatten mehrere Wochen überlebt. Vor allem aber hatte sich beim Sezieren herausgestellt, dass ihre Leber eine hohe Vitamin-A-Konzentration und nur eine geringe Menge des Toxins aufwies.

Auf dem Papier ist das „wissenschaftliche" Prinzip simpel: Man braucht nur diese Experimente am Menschen zu wiederholen und die Toten zu sezieren.

Hirt hat jemanden, der die Hand über ihn hält. Einen Mann in verantwortlicher Stellung: Sievers ist der Geschäftsführer des Ahnenerbes.

Trotz ihrer messianischen Mission, „Raum, Geist und Tat des nordischen Indogermanentums zu erforschen, die Forschungsergebnisse lebendig zu gestalten und dem deutschen Volke zu vermitteln", hat die Forschungsgemeinschaft einen ausgeprägten Hang zur Vorsicht und Geheimniskrämerei. Sievers (der Doppelagent gewesen sein soll) möchte nicht, dass sein Name in direktem Zusammenhang mit diesen Experimenten genannt wird.

Er kennt Hirt, der ihm 1942 einen umfangreichen *Vorschlag zur Sicherstellung der Schädel von jüdisch-bolschewistischen Kommissaren zu wissenschaftlichen Forschungen an der Reichsuniversität Straßburg* zugesandt hatte.

Er ist überzeugt, man könne allein anhand von Messungen, Fotos und weiteren Daten zu Kopf und Schädel den Nachweis für einen Hang zur Kriminalität liefern. Himmler glaubt ebenso fest daran.

Deshalb hat Hirt schon gewonnen, bevor er am 24. April 1942 dem Reichsführer vorgestellt wird. Himmler kennt seine Hypothesen und schätzt seinen Forschergeist.

Schicken Sie mir einen Bericht über Ihre bisherigen Arbeiten über Senfgas, und wir werden dafür sorgen, dass Ihnen nichts mehr im Weg steht.

Hirt jubelt.

Die Experimente finden ab Ende 1942 im Konzentrationslager Natzweiler-Struthof statt.

Für Hirt ist das praktisch, denn das Lager liegt nur wenige Kilometer vor den Toren Straßburgs. Lagerkommandant ist Josef Kramer.

Früher diente der kleine Berg den Straßburgern als Naherholungsgebiet, im Sommer zum Wandern, im Winter zum Skifahren.

200 Meter unterhalb des Gipfels gab es sogar ein Gasthaus, den Struthof.

Mit Schubkarren müssen die Häftlinge nun mächtige Steinbrocken die steilen Hänge hinaufbefördern. Henri Rassiet, ein Überlebender, schildert den Kreuzweg, den er und die anderen Lagerinsassen durchlitten:

Die Häftlinge mussten ihre Ladung den steilen Hang zum Lager hinaufschieben. Das Lieblingsspiel der SS-Männer und Kapos bestand darin, sie unterwegs mit Hunden zu hetzen, die darauf abgerichtet waren, sie in die Waden zu beißen! Unterernährt und krank, starben viele vor Erschöpfung, bevor sie die Schlucht erreichten, wo sie die Steine abladen sollten. [10]

Steht den SS-Männern der Sinn nach ein bisschen mehr Amüsement, warten sie, bis die Unglücklichen sich den Hang heraufgequält haben, um sie wieder hinunterzuschubsen, nur um ihren Schreien und dem Aufprall ihrer Körper 20 Meter tiefer zu lauschen.

Kramer lässt sich nicht lange bitten. Der kleingeistige, intellektuell sehr beschränkte Lagerleiter wird als Sadist reinsten Geblüts geschildert.

In Struthof widmen Kramer und seine Schergen ihre Aufmerksamkeit vor allem den sogenannten „NN", Nacht-und-Nebel-Häftlingen, die im Verborgenen Widerstand gegen die NS-Besatzer geleistet hatten.

Himmlers Protégé zu helfen, empfindet Kramer als Auszeichnung.

Voller Begeisterung wählt er deshalb die Häftlinge aus, die ihm als Versuchskaninchen dienen sollen.

Er lässt sie vor dem Krankenrevier aufmarschieren, siebt nochmals aus und schickt diejenigen, die ihm zu schwach erscheinen, wieder fort. Kramer schaut genau hin. Hirt soll schließlich mit der „Ware" zufrieden sein.

Nach der endgültigen Selektion führen die Kapos die Häftlinge in einen „Desinfektionsraum".

Man steckt sie in Wannen, um sie von Parasiten zu befreien.

In den Wannen ist Kresol. Dieses Baktericid ist auch heute noch in Gebrauch und so scharf, dass man damit Pferdeboxen und -transporter desinfiziert. Hundebisse, Verletzungen, Schläge – die Körper der Männer sind mit Wunden übersät. Der Kontakt mit dem Desinfektionsmittel löst grässliche Schmerzen aus.

Sie schreien, wollen aus den Wannen steigen, werden wieder und wieder geschlagen.

Kramer scherzt mit seinen SS-Männern: „Die Herren waschen sich wohl nicht gern."

Er befiehlt, sie länger in den Wannen zu belassen, vor allem aber, sie zum Schweigen zu bringen, denn „bei dem Radau versteht man ja sein eigenes Wort nicht mehr!"

Anschließend marschieren die Häftlinge zum Revier und erhalten dort eine üppige Mahlzeit. Sie sind sprachlos, vor allem, als man ihnen verspricht, sie seien von der Zwangsarbeit befreit und würden gut verpflegt.

Dass eine solche Vorzugsbehandlung nichts Gutes verheißt, ist einigen unter ihnen sofort klar.

Hirt trifft im Laufe des Nachmittags ein. Von den

etwa 60 Männern, die ihm Kramer präsentiert, behält er nur etwa 30.

Die übrigen schickt er in ihre Baracken zurück.

Hirt verkündet den Auserwählten: *Ihr werdet rund 14 Tage lang an einer Reihe medizinischer Versuche kurzer Dauer teilnehmen. Ich möchte betonen, dass diese Versuche nicht allzu belastend sein werden. Außerdem steht ihr die ganze Zeit unter ärztlicher Aufsicht. Ihr werdet dabei keine übermäßigen Schmerzen haben.*

Hirt weiß nur zu gut über die unwiderruflichen Auswirkungen von Senfgas auf den menschlichen Körper Bescheid.

Er versucht zu beschwichtigen, aber keiner der Häftlinge glaubt ihm. Er brüstet sich mit seinen Beziehungen und versichert ihnen, wenn sie sich freiwillig melden, werde er sich im Gegenzug – so behauptet er – beim Reichsführer SS Heinrich Himmler dafür einsetzen, dass sie freikommen. Es meldet sich niemand.

Was hätte eine wie auch immer geartete „Freiwilligkeit" auch groß geändert? Auf seine bekannt zynische Art bestätigt Hirt: „Ob freiwillig oder nicht, die Versuche finden statt!"

Kramer bildet zwei Gruppen zu je 15 Mann.

Sie werden in zwei separaten Räumen untergebracht. Erstmals haben sie im Lager ein eigenes Bett und genug zu Essen.

Bisher war ihr Alltag wie der aller Häftlinge, geprägt von Hundebissen, Prügeln der SS-Leute, undefinierbaren Suppen aus Kartoffelschalen. Diese Vorzugsbehandlung kann nur bedeuten, dass ihnen etwas

Übles bevorsteht, das wissen sie ganz genau. Sie stellen sich auf das Schlimmste ein.

Das Schlimmste tritt zwei Wochen später ein. Hirt und sein Adlatus kehren ins Lager zurück. Die Häftlinge werden splitternackt vorgeführt, sagen ihren Namen und strecken einen Arm aus. Darauf erhalten sie einen Tropfen Lost.

Nur einen Tropfen. Den Todestropfen.

Was dachten diese Männer wohl, die noch wenige Tage zuvor „verwöhnt" wurden? Sie waren noch immer eingesperrt, doch hatten ihre ausgezehrten, geschundenen Körper gerade erst angefangen, wieder ein wenig zu Kräften zu kommen.

Sie kannten die Grausamkeit ihres Peinigers. Bildeten sie sich nach der langen Wartezeit wirklich, ein, man habe sie ausgewählt – selektiert –, nur um ihnen eine harmlose Flüssigkeit auf den Arm zu schmieren?

Ferdinand Holl, Krankenpfleger und selbst Häftling, hält den Versuchskaninchen die Arme. Er sagt später in Nürnberg aus.

Die Männer wehren sich, sie schreien. Sie bekommen ihren Tropfen Lost.

Man befiehlt ihnen, eine Stunde lang mit ausgebreiteten Armen dazustehen.

In den folgenden Stunden passiert – nichts. Ich kann mir die Angst der Männer lebhaft vorstellen. Sie wissen, dass sie leiden werden. Sie spüren es. Ein Tropfen einer unbekannten Substanz auf den Arm. Sie malen sich das Schlimmste aus. Unvorstellbar, dass es sich nur um einen Hauttest handeln würde, doch nichts scheint zu geschehen. Kein Symptom.

Kein Schmerz. Kein Kribbeln. Die Muskeln entspannen ein wenig, es keimt wieder Hoffnung auf. Doch die ganze Zeit frisst sich das Gift in den Körper hinein.

Hirt weiß genau, wie viel Zeit zwischen dem Kontakt mit Senfgas und dem Auftreten der ersten Symptome liegt: sechs Stunden.

Also kehrt er erst abends zurück, diesmal in Begleitung eines Fotografen, der den ganzen Versuch über dabei sein wird, um das Leiden, teilweise den Tod der Probanden zu dokumentieren. Das sind die Beweise, die Hirt präsentieren will, um der wissenschaftlichen Welt zu zeigen, dass er, Hirt, Recht hatte: Er hat das Antidot gefunden.

Der Peiniger sieht sich bereits als Retter hunderttausender Deutscher, falls es zu einem Gasangriff kommt.

Zugleich aber ist er misstrauisch, geradezu paranoid. Die Originalfilme behält er selbst in der Hand. Vertrauen ist ihm fremd.

Im Revier treten sechs Stunden nach dem Aufbringen der Lost-Tropfen die ersten Symptome auf.

Brandwunden überziehen die Arme. Die Männer begreifen, dass das nur der Anfang ist.

Hirt ist überall zugleich: Er verabreicht Salben, Cremes, lässt die Männer Medikamente schlucken, setzt intravenöse Injektionen und testet seine Gegenmittel.

Dabei vergisst er natürlich auch nicht, dass er, um wissenschaftlich unanfechtbar zu sein, zu Vergleichszwecken eine Gruppe unbehandelt lassen muss.

Die ganze Nacht quälen sich die Häftlinge. Sie schreien, betteln.

Am nächsten Tag ist bei einigen der ganze Körper von Verbrennungen überzogen.

Das Senfgas arbeitet weiter. Hirt ebenfalls.

Hunderte Fotos dokumentieren das unaufhaltsame Fortschreiten der Vergiftung.

Innerhalb weniger Tage sind die Männer nicht mehr zu erkennen.

Ihre Körper sind mit Brandwunden bedeckt. Überall. Ausgehend von den Armen und Händen.

Ferdinand Holl erinnert sich: *Das waren kolossale Schmerzen, so dass es kaum noch auszuhalten war, sich in [ihrer] Nähe [...] aufzuhalten.*

Am 6. Tag gibt es den ersten Todesfall. Der Erste ist erlöst.

Schon am nächsten Tag will Hirt die Autopsie vornehmen, denn er will unbedingt wissen, welche Organe beschädigt wurden und welche seine Behandlung geschützt hat.

Er lässt den Leichnam durch zwei polnische Krankenträger wegbringen und holt einen anderen Assistenten. Sie sprechen Deutsch, ohne zu ahnen, dass die Polen sie verstehen.

Am Tag darauf weiß jeder in Struthof Bescheid. Hirt ist weder Chirurg noch Gerichtsmediziner.

Für die Autopsie braucht er Hilfe.

Diese Rolle fällt dem belgischen Chirurgen Bogaerts zu, der selbst Häftling ist.

Jedes entnommene Organ wird in ein Gefäß gelegt.

Jedes Gefäß wird ins Ahnenerbe-Institut für Hygiene und Pathologie geschafft.

Was vom Leichnam übrig ist, wird im Krematorium verbrannt.

Der Fotograf geht weiter seinem schmutzigen Geschäft nach. Hirt gibt die Filme in die Obhut eines jungen Franzosen, der unter ihm an der Straßburger Fakultät arbeitet: Charles Schmidt.

Entsetzt über das, was er entdeckt, vertraut sich der junge Mann französischen Kollegen an. Hirt erfährt davon und droht ihm.

Tage vergehen. Die Häftlinge können nicht mehr aufstehen.

Zwei von ihnen erblinden.

Acht sterben.

Hirt beginnt weitere Versuchsreihen. Diesmal werden 120 russische und polnische Versuchskaninchen ausgewählt. 40 von ihnen sterben.

Die Überlebenden werden mit unbekanntem Ziel fortgeschafft und tauchen nie wieder auf.

Alle Toten werden seziert.

Hirt lässt durch Schmidt von den entnommenen Organen hauchfeine Schnitte anfertigen.

Nun kann er endlich den von Himmler mit Ungeduld erwarteten Bericht schreiben.

Es ist sein Lebenswerk. Er verfasst ihn mit einer wissenschaftlichen Strenge, die bei einem ahnungslosen Leser Bewunderung fände.

Er berücksichtigt jedes Detail.

Die Behandlung für mittelschwere Fälle.

Die Rolle der Vitamine.

Die Verbände.

Die Tabletten.

Er legt sogar eine gewisse, wenn auch sehr relative Empathie an den Tag, wenn er schreibt: *Wegen der Schmerzen sollte man die Lebertransalbe nach Lexer nicht länger als zwei Stunden auf der Wunde belassen.*

Sogar als Psychiater spielt er sich auf, empfiehlt, in schweren Fällen eine „gezielte, systematische Psychotherapie" vorzunehmen. Selbst die Psyche sollte streng wissenschaftlich angegangen werden ...

Hirt dazu weiter: *Da hiermit unter Umständen das parasympathische Nervensystem beeinflusst werden kann (Blutkreislauf und Kreislaufsystem), ist die Psychotherapie von Kranken, die aufgrund des Lost sehr apathisch sind, wesentlicher Teil der Behandlung.*

Himmler ist von der Qualität des Berichts beeindruckt, zumal Hitler nun endgültig von einem bevorstehenden Gaskrieg überzeugt ist – wie es ihm der russische Geheimdienst eingeflüstert hat. Eine unkontrollierbare Psychose zieht in der Wehrmacht immer weitere Kreise.

Hirt wird dabei zur Galionsfigur der Medizin des Dritten Reichs.

Hitlers Leibarzt Karl Brandt sucht Hirt im persönlichen Auftrag des Führers in Straßburg auf.

Worüber reden die beiden? Die Geschichte überliefert es nicht, denn Hirts Empfehlungen werden nie umgesetzt. Nur wenige Monate nach dieser Besprechung nämlich befreien die Alliierten Straßburg. Hirt finden sie jedoch nicht, denn er konnte im letzten Moment flüchten. Er versteckt sich im Schwarzwald, unweit von Tübingen. Im Juni 1945 begeht er Selbstmord. Alles, was neben grauenvollen Erinnerungen von ihm bleibt, ist eine makabre Sammlung, die zu trauriger Berühmtheit gelangen sollte ...

8

„Die Schädel von jüdisch-bolschewistischen Kommissaren"

Die Straßburger Skelettsammlung

Hirt ist nicht nur Experte für Giftgas, sondern interessierte sich auch für Anatomie und Anthropologie, vor allem für die „Rassenkunde".

Er träumt von einem eigenen *Musée de l'Homme*, einem Museum für Anthropologie. Dort sollen Besucher nicht nur die anatomischen Unterschiede zwischen Vormenschen und *Homo sapiens* sehen, sondern auch die Merkmale, die „Untermenschen" kennzeichnen. Dazu braucht er die Skelette und Schädel derjenigen, die in seinen Augen eigentlich nicht zur menschlichen Rasse gehören: der Juden.

Der Krieg beschert ihm die einmalige Chance, seinen Traum zu verwirklichen.

Himmler zu überzeugen ist reine Formsache.

In einem Brief an Sievers, seinen zuverlässigen Unterhändler, erläutert Hirt:

Nahezu von allen Rassen und Völkern sind umfangreiche Schädelsammlungen vorhanden. Nur von den Juden stehen der Wissenschaft so wenig Schädel zur Verfügung, dass ihre Bearbeitung keine gesicherten Ergebnisse zulässt.

Der Krieg im Osten bietet uns jetzt Gelegenheit, diesem Mangel abzuhelfen. In den jüdisch-bolschewistischen Kommissaren, die ein widerliches, aber charakteristisches Untermenschentum verkörpern, haben wir die Möglichkeit, ein greifbares wissenschaftliches Dokument zu erwerben, indem wir ihre Schädel sichern.

Die praktische Durchführung der reibungslosen Beschaffung dieses Schädelmaterials geschieht am zweckmäßigsten in Form einer Anweisung an die Wehrmacht, sämtliche jüdisch-bolschewistischen Kommissare in Zukunft lebend sofort der Feldpolizei zu übergeben. Der [...] Jungarzt oder Medizinstudent hat eine vorher festgelegte Reihe photographischer Aufnahmen und anthropologischer Messungen zu machen [...].

Nach dem danach herbeigeführten Tode des Juden, dessen Kopf nicht verletzt werden darf, trennt er den Kopf vom Rumpf und sendet ihn in eine Konservierungsflüssigkeit gebettet [...] zum Bestimmungsort.

Der Stil ist sachlich, anschaulich und präzise, zumindest nach nationalsozialistischen Kriterien.

Himmler ist begeistert und erteilt grünes Licht, doch da die Verwaltung selbst in Kriegszeiten und sogar im Dritten Reich nicht immer so schnell ist wie die Gehirnzellen der Folterknechte, benötigt Hirt mehrere Anläufe, bis seine Sammlung in Gang kommt.

So gut wie niemand äußert auch nur zaghafte Vorbehalte gegen das grausige Vorhaben. Natürlich gebührt Hirt Respekt. Schließlich hat er ein Mikroskop erfunden, mit dem man mittels Fluoreszenz lebende Gewebe beobachten kann.

Besonders praktisch für Hirt ist, dass die Opfer in

Natzweiler getötet werden und somit „frisch" in der Straßburger Fakultät eintreffen, wo sie unverzüglich präpariert werden können.

Um besonders schöne Exemplare zu bekommen, bedient er sich in Auschwitz.

Am 15. Juni 1943 ist die Selektion abgeschlossen.

Sievers schreibt, man habe 150 Personen „bearbeitet", darunter 79 Juden, 2 Polen, 4 Asiaten und 30 Jüdinnen.

Alles in allem werden 86 Häftlinge von Auschwitz nach Natzweiler überstellt.

Dort erwartet sie das Unheil in Gestalt von Lagerleiter Josef Kramer.

Er hat von Hirt persönlich ein Glas erhalten, das seiner Vermutung nach einen Viertelliter Cyanhydratsalze enthält.

Den ersten „Schub" bilden 15 Frauen. An einem Augustabend 1943 werden sie in Struthof in die Gaskammer geführt.

Was dann geschieht, schildert Kramer so: *Nachdem die Türe geschlossen war, führte ich durch ein Rohr [...] eine gewisse Menge von Salzen ein [...] und beobachtete durch das Guckloch, was innerhalb des Raumes vor sich ging. Ich habe gesehen, dass diese Frauen ungefähr noch eine halbe Minute geatmet haben, bevor sie auf den Boden fielen. [...] Am nächsten Morgen sagte ich zu den Krankenpflegern der SS, die Leichname auf einen kleinen Wagen zu legen – es war ungefähr um 5.30 Uhr –, damit sie in das Anatomische Institut gebracht werden könnten, so wie mich Professor Hirt gebeten hatte.*

In zwei oder drei Durchgängen tötete Kramer auf diese Weise dutzende Häftlinge.

Im Prozess erläutert er: *Ich habe bei der Ausführung dieser Dinge kein Gefühl gehabt, weil ich den Befehl erhalten hatte, diese 80 Insassen auf diese Weise zu töten [...]. Übrigens bin ich auf diese Weise erzogen worden.*

Die Leichen kommen noch warm im Anatomischen Institut der Reichsuniversität an.

In Empfang nimmt sie ein Franzose namens Henri Henrypierre, der nach seiner Verhaftung in Compiègne interniert war und nun in Hirts Abteilung als Laborant arbeitet. Vor allem seine Zeugenaussage im Nürnberger Ärzteprozess macht deutlich, was für eine Sammlung Hirt im Auge hatte.

Im Juli 1943, wenige Tage vor der Vergasung der Opfer, erhält er Anweisung, Becken für die Leichen vorzubereiten.

Er füllt sie mit künstlichem 55 %-igem Alkohol.

Die erste „Sendung" trifft um sieben Uhr morgens ein. Es sind die Frauenleichen.

Henrypierre berichtet: *Die Leichen sind noch warm angekommen, die Augen waren weit offen und glänzend. Blutunterlaufen und rot traten sie aus den Augenhöhlen. Außerdem waren Spuren von Blut um Mund und Nase. Andere hatten auch Flüssigkeit verloren. Es war keine Totenstarre ersichtlich. [...]*

Daher habe ich ihre Gefangenennummer vom linken Arm auf ein Stück Papier abgeschrieben und habe sie heimlich bei mir aufbewahrt. Die Häftlingsnummer war fünfstellig.

Nacheinander treffen mehrere Sendungen ein, alle

enthalten Leichen im selben Zustand wie die ersten. Hirt warnt Henrypierre: „Wenn du die Schnauze nicht halten kannst, kommst du auch dazu."

In den Becken bleiben die Leichen ein Jahr liegen. Niemand darf sie anrühren.

Angesichts der näher rückenden Alliierten bittet Sievers am 5. September 1944 Himmler telegrafisch um Anweisungen, was mit den Leichen geschehen soll. Der Gedanke, dass sie in falsche Hände geraten könnten, beunruhigt ihn:

Infolge Umfang der damit verbundenen wissenschaftlichen Arbeit sind Skelettierungsarbeiten noch nicht abgeschlossen. Hirt erbittet [...] Weisungen, falls mit Bedrohung Straßburgs zu rechnen ist [...]. Er kann Entfleischung und damit Unkenntlichmachung vornehmen, dann allerdings Gesamtarbeit teilweise umsonst und großer wissenschaftlicher Verlust für diese einzigartige Sammlung, weil danach Hominitabgüsse nicht mehr möglich wären.

Um die Sammlung zu retten, kommt Sievers sogar auf die Idee, man könne den Alliierten notfalls immer noch weismachen, die Weichteile in den Becken seien alte Leichenreste, Hinterlassenschaften der Franzosen nach deren überstürztem Auszug aus der Fakultät.

Letzten Endes befiehlt man Henrypierre und seinen Kollegen, die 86 Leichen zu zerstückeln und im städtischen Krematorium von Straßburg verbrennen zu lassen.

Weil es an Zeit und Kraft fehlt, werden nicht sämtliche Leichen eingeäschert. Einige bleiben auf dem Beckenboden zurück, zusammen mit den Überresten derer, die teilweise zerstückelt wurden.

Als die Alliierten das Institut für Anatomie besetzen, fotografieren sie die entsetzlichen Funde. Die Leichen. Die Becken.

Der Laborant hilft den Fotografen. Die Leichen werden identifiziert. Ohne Henrypierre hätten die Toten wahrscheinlich keine Geschichte, keinen Namen. Auf dem jüdischen Friedhof in Straßburg-Cronenbourg steht heute ein Gedenkstein, auf dem von Akouni bis Wollinski die Namen der 86 Menschen aufgeführt sind, die „im Namen der nationalsozialistischen Wissenschaft" ermordet wurden.

Die französische Originalausgabe von *Hippokrates in der Hölle* erschien am 14. Januar 2015. Zwei Wochen später beruft Alain Beretz, Präsident der Universität Straßburg, eine Pressekonferenz ein, um auf die beiden Kapitel über Dr. Hirt und das Institut für Anatomie einzugehen.

„Zu behaupten, Überreste jüdischer Opfer seien an der Universität oder im Institut erhalten geblieben oder könnten dort erhalten geblieben sein, wie dies Michel Cymes tut, ist schlichtweg falsch. Es ist seit 1945 falsch." Anschließend qualifiziert er meine Aussagen als Gerüchte, als unbewiesene Behauptungen ab.

Diese Pressekonferenz löst eine Polemik aus, die von der regionalen Presse und sämtlichen nationalen Tageszeitungen und Zeitschriften verbreitet wird.

Sechs Monate später, am 9. Juli 2015, lässt sich Raphaël Toledano, Forscher und Autor einer Doktorarbeit über die 86 getöteten Deportierten, einen kleinen Raum im Institut für Rechtsmedizin in Straßburg aufschließen. Darin entdeckt er Glasbehälter, die Hautfragmente und den Magen- und Darminhalt eines Menschen enthalten. Die Überreste einer Henkersmahlzeit. Die Etiketten lassen keinerlei Zweifel, worum es sich handelt.

Bei einigen dieser Fragmente handelt es sich eindeutig um die Überreste von Menachem Taffel.

Er war einer der 86.

Die Beisetzung erfolgt im Rahmen einer Trauerfeier am 6. September 2015 auf dem Friedhof von Cronenbourg.

Der Raum, in dem sich diese Überreste befanden, gehört eindeutig zur Universität Straßburg.

9

Rückkehr nach Straßburg

Als ich erfuhr, dass Hirt bei seiner Flucht aus Straßburg die Leichen für seine Sammlung zurücklassen musste, kamen mir dutzende Fragen in den Sinn. Existieren die Becken noch, in denen ihre Körper, Köpfe, Arme, Beine konserviert gewesen waren? Ist von all den zerstückelten Menschenleibern noch irgendetwas erhalten? Wurden sie vernichtet? Wenn ja, wann? Warum? Durch wen?

Ich musste mir Gewissheit verschaffen. Aber wen sollte ich fragen? Ich kenne in Straßburg niemanden.

Als Erstes schicke ich eine E-Mail an den Dekan der Fakultät. Ich bin sicher, dass er mir antworten wird.

Und tatsächlich trifft seine Antwortmail schon bald ein. Er empfiehlt mir, mich an den Leiter des Instituts für Anatomie zu wenden, Professor Jean-Luc Kahn. Aber er warnt mich auch: Es handle sich um ein „heikles Thema".

Heikel? Angesichts der grauenhaften Fakten erscheint mir der Begriff etwas blass, aber mir ist klar, dass die Zeit – vor allem unsere heutige – die Dinge gern in einem milderen Licht darstellt.

Ich kann mir natürlich denken, dass die Vergangenheit dieser Fakultät unter deutscher Besatzung von ihren Leitern nicht gern ins Rampenlicht gestellt wird. Doch ich habe den Eindruck, es stecke mehr dahinter. Meine Ahnung wird prompt bestätigt.

Noch bevor ich Professor Kahn anrufen kann, verweist dieser mich schon per Mail (offenbar hat ihn der Dekan vorgewarnt) an einen anderen Professor, der für die Geschichte der Fakultät zuständig sei.

In Eigenregie wendete ich mich zunächst an einen Arztkollegen, der sich seit Jahrzehnten für die Anbringung einer Gedenktafel für Menachem Taffel einsetzt – eines von Hirts Opfern, das anhand seiner eintätowierten Häftlingsnummer identifiziert wurde.

Das schrieb er mir:

Es existieren vermutlich noch anatomische Schnitte, die in der NS-Zeit angefertigt wurden, auch wenn die Verantwortlichen des Instituts dies leugnen. Es gibt einen „historischen" Autopsiebericht von 1946 über die 17 vollständigen Leichen und 166 Leichenteile, die am 1. Dezember 1944 in den Becken des Instituts für Anatomie entdeckt wurden. Diesen Bericht kann ich Ihnen zur Verfügung stellen.

Also sind noch Proben von Körperteilen und Organen dieser Unglücklichen vorhanden, die Hirt im geplanten „Museum der verschwundenen jüdischen Rasse" ausstellen wollte!

Wie ist das möglich? Warum hat niemand je versucht, den Angehörigen diese Überreste zurückzugeben?

Warum wurden sie nicht im Rahmen der offiziellen Trauerfeier neben dem Gedenkstein beerdigt, der an das Geschehene erinnert?

Fragen über Fragen schießen mir durch den Kopf. Eine Antwort finde ich schließlich bei Dr. Uzi Bonstein. Der Arzt kam Ende der 1960er-Jahre nach Frankreich und stieg als beschlagener Anatom in Straßburg rasch zum Institutsassistenten auf.

Von ihm erfahre ich, dass einer der Mediziner ihm damals eines Tages das Institut zeigte. An einem Schrank hielt er inne, öffnete die Türen und forderte Uzi auf, hineinzuschauen.

Vor den Augen des jungen Arztes standen Gläser.

Darin eine Hand, ein Mund, eine Nase … Jedes trug ein Etikett mit der Aufschrift *Juden* in Frakturschrift. Die Buchstaben ließen keinen Zweifel daran, wann und von wem diese Etiketten beschriftet wurden.

Vom Gesehenen zutiefst erschüttert, sprach Uzi mit seiner Frau darüber. Dann schiebt er die Bilder in seinem Gedächtnis weit nach hinten.

40 Jahre später, als er längst nicht mehr in Straßburg lebt, kommen sie ihm wieder in den Sinn. Eine Erinnerung, aber auch eine Mahnung: Er muss verstehen, was es mit diesen Gläsern auf sich hat. Er muss darüber sprechen.

Er ruft bei der medizinischen Fakultät an und vereinbart einen Termin mit Professor Kahn. Er will es sehen.

„Was sehen?", fragt ihn der Institutsleiter. „Da ist nichts!" Der Mann ist förmlich, ein bisschen herablassend. In der Tat: Weder Proben aus der NS-Zeit, noch Gläser, noch Etiketten.

Natürlich gibt man Uzi Bonstein Gelegenheit, sich davon zu überzeugen.

Man bittet sogar Professor Sick, der Bonstein seinerzeit den Schrankinhalt gezeigt hatte, zur Besichtigung dazu.

Nichts.

Uzi sieht nichts mehr.

Man öffnet ihm die gesamte Abteilung.

Er findet den Schrank wieder. Leer.

„Da sehen Sie es", sagt Professor Kahn und wendet sich an Professor Sick: „Schwören Sie bei Ihrer Ehre, dass Sie in Dr. Bonsteins Gegenwart niemals einen Schrank geöffnet haben, der menschliche Überreste in Gläsern enthielt?"

„Das schwöre ich."

Damit ist die Sache erledigt.

Uzi Bonstein hat sich das Ganze nur eingebildet.

Er versucht, selbst daran zu glauben, aber die Zweifel nagen weiter. Im Gespräch bestätigt ihm seine Frau, er habe seinerzeit sehr wohl von den Gläsern gesprochen.

Ich beschließe, nach Straßburg zu fahren. Ich lasse mir einen Termin bei Professor Kahn geben. Man verspricht mir sogar eine Privatführung durch das Institut, das sonst nur einmal im Jahr Besuchern seine Türen öffnet.

So stehe ich vor dem ehrwürdigen Gebäude des alten Hôpital civil mitten in der Straßburger Altstadt. Schon auf der Schwelle spürt man, wie geschichtsträchtig der Ort ist, so ganz anders als die modernen Hochschulen, die bei aller Seelenlosigkeit gerade wegen ihrer modernen Einrichtungen für Medizinstudenten unverzichtbar sind.

Die Angeklagten im Nürnberger Ärzteprozess

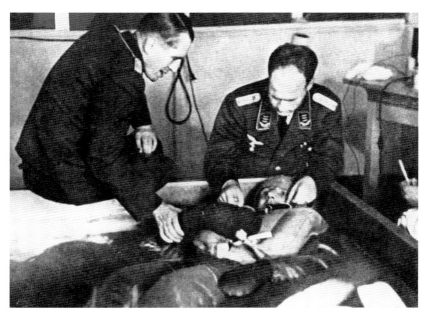

Sigmund Rascher (rechts) bei einem Unterkühlungsversuch

Wilhelm Beiglböck

Konrad Schäfer

Heinrich Himmler

Wolfram Sievers

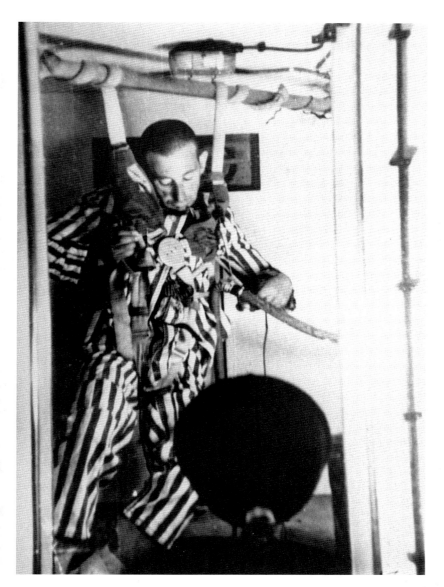

Bewusstloser KZ-Häftling in der Unterdruckkammer

Aribert Heim

August Hirt

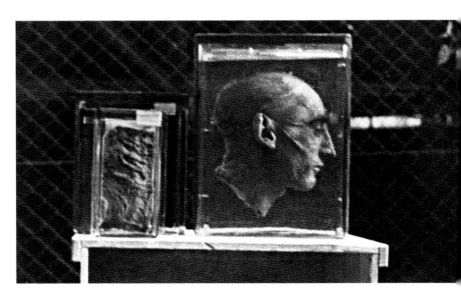
Im KZ Buchenwald gefundener präparierter Kopf, Seitenansicht

Leichenbecken im Anatomischen Institut der Universität Straßburg

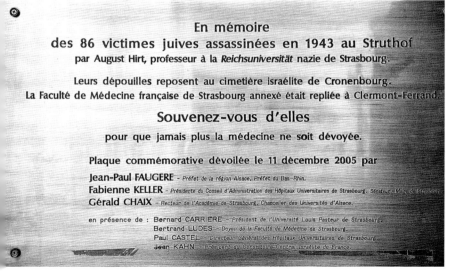

Gedenktafel am Anatomischen Institut der Universität Straßburg

Josef Mengele

Carl Clauberg

Gruppenfoto der Familie Ovitz

Herta Oberheuser

Erwin Ding-Schuler

Waldemar Hoven

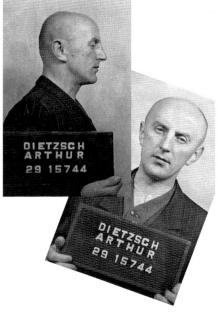
Arthur Dietzsch

Sanitäter der US Army in einer Station
für fleckfieberkranke Überlebende des KZ Dachau

Glasbehälter mit Organpräparaten von Häftlingen im KZ Buchenwald

Professor Kahn empfängt mich in seinem Büro im Institut für Anatomie.

Das prunkvolle Treppenhaus ist frisch gestrichen. Alles ist makellos.

Dennoch befällt mich ein Unbehagen ... warum nur hat man sich für Karminrot mit schwarzen Streifen entschieden?

Das Unbehagen legt sich, als ich mir einrede, wie dumm die Assoziation ist.

Undenkbar, dass jemand bei der Wahl der Farben ausgerechnet für diesen Ort, an dem so schreckliche Dinge passiert sind, an die Farben dachte, die im Dritten Reich die Nationalflagge und die Armbinden der SS-Ärzte zierten, die Hirt hier aufsuchten.

Professor Kahn beginnt den Rundgang durch sein Institut ... Ich kann nicht umhin, ihm von meinem Unbehagen zu erzählen. Wie es meine Art ist, versuche ich, mit ein bisschen Humor das Eis zu brechen.

Doch das erweist sich als fruchtlos, denn anstatt zu schmunzeln, wird dem Professor offenbar schlagartig bewusst, wie unpassend diese Farbwahl des beauftragten Innenarchitekten ist.

„Sie haben Recht, darüber habe ich noch nie nachgedacht", sagt er mit betrübtem Blick auf sein schönes Treppenhaus.

Während meines Besuchs kommt er noch mehrfach darauf zurück ... Ich ärgere mich ein wenig über mich selbst, denn nun wird er seine Prunktreppe niemals mehr mit dem gleichen Stolz präsentieren.

Das Institut für Anatomie umfasst ein Museum, das der Öffentlichkeit jeweils nur am Tag des offenen

Denkmals zugänglich ist, Hörsäle und Kellerräume mit Becken, in denen noch heute Leichen liegen, die für wissenschaftliche Zwecke zur Verfügung gestellt werden. In diesen Becken ließ Hirt einst diejenigen konservieren, die er für seine Sammlung auserkoren hatte.

Man zeigt mir all die Vitrinen, all die Schränke. Man öffnet sie für mich.

Es gibt unvorstellbare Stücke, die mich als Mediziner faszinieren. Gliedmaßen, Schädel, Teile von Brustkörben und Becken. Selbst die Gläser mit fehlgebildeten Föten und sogenannten Missgeburten sind kostbare Raritäten.

Föten ohne Gehirn, ohne Augen, siamesische Zwillinge mit zwei Köpfen und nur einem Rumpf.

Gläser, die man der Öffentlichkeit nicht zeigt. Verständlicherweise.

Der Professor erläutert: „All diese anatomischen Präparate sind datiert und katalogisiert. Zu 99 % stammen sie aus der anatomischen Sammlung des Museums aus der Zeit vor 1918. Die Sammlung wird zwar regelmäßig ergänzt, doch aus der NS-Zeit stammt darin nichts."

Das heißt, Hirt und seine Kollegen hätten in den drei Jahren, die sie am Institut arbeiteten, keinerlei Präparate hinzugefügt? Professor Kahn hält das für sehr wahrscheinlich, denn sie seien ja mit anderen Themen beschäftigt gewesen.

Professor Kahn führt mich in einen alten Hörsaal. Mir läuft es kalt über den Rücken: In diesem Hörsaal hielt Professor Hirt vielleicht seine Anatomievorlesungen ab. Heute sitzen hier immer neue Jahrgänge von Studenten, die von der Geschichte dieses Ortes keine Ahnung haben.

Professor Kahn bedauert das und erzählt mir freimütig, bis vor wenigen Jahren habe er noch regelrechte Geschichtsstunden abgehalten und den Studenten in ihrer ersten Anatomievorlesung über Hirt berichtet. Aufgrund von Arbeitsbelastung und Zeitmangel traue er sich inzwischen nicht mehr, die Erstsemester mit den grausigen Dingen zu belasten, die sich im Keller dieses Gebäudes abspielten.

In besagten Keller gelangen Professor Kahn und ich mit dem Fahrstuhl. Wir steigen in eine alte Kabine, die lang genug ist, um darin eine liegende Person zu befördern. Nichts für Klaustrophobe und empfindsame Gemüter, denn auf diesem Weg kommen die Leichen ins Institut, die der Wissenschaft gespendet wurden, um Studenten als Anschauungsmaterial zu dienen. Mit diesem Fahrstuhl gelangten zweifellos auch die 86 Ermordeten aus dem Struthof in den Institutskeller. Mit diesem Fahrstuhl begab sich Hirt zu den geheimen Becken.

Selbst der bisher freundliche, entspannt wirkende Professor Kahn wird ernst, als er mir die Türen zu zwei kleinen Räumen aufsperrt.

Es ist ein sonniger Tag. Durch winzige Fenster fällt Licht in den Raum und auf große gekachelte Becken mit Abdeckungen, die man von oben öffnet wie riesige Gefriertruhen.

Hier ist es.

Hier fanden die Alliierten die Toten, ein unfassbares Durcheinander von Leichen und Leichenteilen ... alles, was die SS-Männer vor ihrer Flucht nicht mehr verbrennen konnten. Man fand Körper, aber keinen einzigen der 86 Köpfe.

Schlagartig fühle ich mich zurückversetzt in das Jahr 1943. Vor meinem geistigen Auge sehe ich, wie die Leichen der Deportierten in Formalin gelegt werden. Auch jetzt liegen in den Becken vor mir Tote. Sie sind für die Lehre bestimmt. Ein Becken voller Flüssigkeit, ein Deckel, ein hervorlugender Fuß ...

Bedrückt verlassen wir diesen Ort des Todes.

Nach dem Abstieg in die Hölle sitzen wir wieder in Professor Kahns Büro. Ich frage ihn, was mit den Leichen und Leichenteilen geschah, die man in den Becken fand. Und wo sich der Schrank befindet, von dem Dr. Bonstein sprach.

„Es ist nichts mehr da", versichert er mir.

Er erinnert sich sehr gut an Dr. Bonstein, an seinen Besuch, an ihr Gespräch.

„Abgesehen davon, dass nichts mehr da ist – warum sollten wir Ihrer Meinung nach so schreckliche Dinge aufbewahren oder gar verstecken? Sie würden ja lediglich vergangene Traumen wieder aufleben lassen."

Er erzählt mir, dass nach der Befreiung zunächst Autopsieberichte erstellt und dann die Leichen, Leichenteile und alles andere, was man im Institut fand, im jüdischen Teil des Friedhofs in Straßburg-Cronenbourg bestattet wurden. Das bezeugt auch die Gedenktafel unten am Gebäude. Ich kann mir die Bemerkung nicht verkneifen, dass sie erst von 2005 stammt.

Professor Kahn sagt, er könne es nicht beschwören, weil er damals noch nicht hier war, aber alle seine Vorgänger hätten ihm versichert, im Institut gebe es keinerlei Spuren von Hirts Untaten mehr. Von den Schrecken, der Schande, ist nichts mehr vorhanden, bis auf das Andenken an die Opfer dieser grausigen Untaten. Und die Gedenktafel am Eingang, die uns auffordert: „Behaltet sie in Erinnerung, damit die Medizin niemals wieder auf Abwege gerät."

Ach ja – und das schwarzrot gestrichene Treppenhaus.

10

„Er wirkte nicht wie ein Mörder."

Josef Mengele

Er ist ein gutaussehender Mann, distinguiert, parfümiert, Liebhaber klassischer Musik. Durch und durch kultiviert. Man kann sich gut vorstellen, wie er im Morgengrauen vor dem Spiegel steht, beim Rasieren eine Wagnermelodie pfeift und sich dann, dezent nach Kölnisch Wasser duftend, auf den Weg macht. Stets gepflegt, hoheitsvoll, fast schon hochmütig. Kurz gesagt: nach den Vorstellungen des Dritten Reichs ein Traum von einem Schwiegersohn in makelloser Uniform und blank gewichsten Stiefeln. Ach ja, die Stiefel – nichts ärgert ihn so sehr wie lehmverschmierte Stiefel. Aber er denkt vorausschauend und hat stets ein zweites Paar in Griffweite. Ein Handlanger trägt sie ihm hinterher.

Auf der Judenrampe gibt es zum Glück keinen Lehm, keinen Schlamm.

Wohl ein wenig Staub, aber er hat andere Dinge im Kopf.

Er muss sich, wie so oft, auf den gerade eingetroffenen Transport konzentrieren.

Aus den Waggons quellen hunderte Deportierte. Abgestumpfte, ausgehungerte, durstige, verängstigte

Menschen, unter ihnen zweifellos irgendwann einer meiner beiden Großväter.

Der schöne Doktor ist ein begnadeter Jäger. Josef Mengele, für seine Freunde und Verwandten „Beppo"[11], betrachtet aufmerksam diejenigen, die für ihn Untermenschen sind und mit jedem neu eintreffenden Transport seine Überzeugung untermauern, dass alles nur auf Vererbung beruht. Alles, was wir sind, bestimmen unsere Gene (die DNA ist da noch nicht entdeckt). Nichts kann unsere Persönlichkeit, unsere Psyche beeinflussen, denn alles ist angeboren. Warum sich also mit Gewissensbissen, mit Skrupeln belasten, wenn in der Menschheit, die er anstrebt, für diese Juden ohnehin keinen Platz mehr ist?

Am staubigen Bahngleis mustert der allmächtige „Todesengel" die Ankömmlinge kurz und befiehlt mit einem Schnippen seiner Reitgerte, von der er sich nie trennt: „links" ... „rechts" ... „links, rechts." Überlebende beschrieben eingehend den eleganten Arzt, der in der trostlosen Kulisse von Auschwitz völlig deplatziert erschien, der *wie ein Hollywood-Schauspieler aussah, wie Clark Gable,* und *überhaupt nicht wie ein Mörder wirkte.*[12]

Auf der einen Seite zitternde Alte, Kranke, Kinder. Auf der anderen Seite alle, die arbeitsfähig und für Deutschlands Kriegswirtschaft nützlich sind. Beide Gruppen schauen sich an, verabschieden sich voneinander. Wagt es jemand, um Gnade zu betteln, weidet sich Mengele daran oder bekommt einen seiner gefürchteten Wutausbrüche, je nach Laune. Wer Glück hat, erhält ein paar Hiebe mit der Reitpeitsche, die übrigen eine Pistolenkugel. Einmal schickt er einen kompletten Transport in die Gaskammern, vorgeblich als kollektive Strafe dafür, dass eine Mutter einen SS-Mann kratzte und biss, als der ihre Töchter fortzerren wollte.

Nach der Selektion schickt man die linke Kolonne zu den Gaskammern, die rechte zu den Baracken – geradewegs in die Hölle.

Dr. Mengeles Namen sagt man in Auschwitz nicht laut. Man flüstert ihn hinter vorgehaltener Hand.

Er verbreitet Angst und Schrecken. Bei der Selektion, aber auch mit seinen Wutanfällen, vor allem aber mit seinen „Forschungen". In *Die Nacht*[13] schildert Élie Wiesel seine erste Begegnung mit ihm:

Plötzliches Schweigen. Ein SS-Offizier trat ein und mit ihm der Hauch des Todesengels. Unsere Blicke hefteten sich an seine fleischigen Lippen. Er pflanzte sich mitten in der Baracke auf und bellte:

„Ihr befindet euch in einem Konzentrationslager. In Auschwitz ..." Dann brach er ab, um den Eindruck seiner Worte in unseren Mienen zu beobachten. Sein Gesicht ist mir bis zum heutigen Tag im Gedächtnis geblieben. Ein hoch gewachsener Mann in den Dreißigern, in dessen Stirn und Augen das Verbrechen geschrieben stand. Er musterte uns wie ein Rudel räudiger Hunde, die sich ans Leben klammern.

„Denkt immer daran", fuhr er fort. „Denkt daran und prägt es euch ein. Ihr seid in Auschwitz. Und Auschwitz ist kein Erholungsheim, sondern ein Konzentrationslager. Hier wird gearbeitet. Sonst geht ihr in den Schornstein. In

die Gaskammer. Arbeiten oder Gaskammer – ihr habt die Wahl!"

Und Josef Mengele selbst – welche Wahl traf er, sodass er zur Ausgeburt schlimmster Alpträume wurde?

In seiner Herkunft und Jugend ist nichts dazu angetan, ihn zum Ungeheuer werden zu lassen, zur „falsche[n] Fassade des Krematoriums", wie ein Überlebender sagte. Josef Mengele stammt aus einer wohlhabenden Familie in der Kleinstadt Günzburg. Er studiert Medizin und beschäftigt sich intensiv mit der Anthropologie. Von Hitler fasziniert, lässt er sich wie so viele seiner Zeitgenossen vom Nationalsozialismus vereinnahmen und brennt darauf, an der Rettung der arischen Rasse mitzuwirken. Deren Angehörige sieht er als Erwählte, weil ihre Überlegenheit genetisch vorgegeben sei.

Er weiß nicht genau, wie er es anstellen soll, doch ein Mann hilft ihm dabei, die Rolle, die er später einnehmen will, klarer vor sich zu sehen. Am Universitätsinstitut für Erbbiologie und Rassenhygiene wird er der Assistent eines weltweit renommierten Großmeisters der deutschen Eugenik – Professor Otmar Freiherr von Verschuer.

Schon 1937 strebt dieser Eugeniker eine „praktischen Rassenhygiene" an, mit der die Fortpflanzung „minderwertiger Erbkranker" eingeschränkt werden soll.

Der Student verinnerlicht offenbar die Lehren seines Mentors, denn nach genau diesem Grundsatz geht Mengele bei den Selektionen an der Rampe vor, um die Träger von „minderwertigem Erbgut" auszumerzen ...

Von Verschuer, der nach Kriegsende vorsichtshalber seine gesamte Korrespondenz mit Mengele vernichtete, schwor, von den Geschehnissen in Auschwitz nichts gewusst zu haben. Dabei war er derjenige, der Mengele für seine Forschungsarbeit nicht nur Himmlers Genehmigung, sondern auch die Fördermittel der Deutschen Forschungsgemeinschaft verschaffte. Die in Auschwitz für die Post zuständigen Häftlinge bestätigten, dass Mengele mit schöner Regelmäßigkeit Berichte und Proben an von Verschuers Institut für Rassenbiologie in Berlin-Dahlem schickte. Auch wenn der Meister letztlich seinen Zögling verleugnete, gab er ihm aber seine Leidenschaft für Mehrlinge mit auf den Weg.

Die Zwillingsforschung erscheint der zeitgenössischen Wissenschaft als ideales Modell, um die Allmacht der Vererbung zu beweisen. Was eignete sich besser als zwei Menschen, die (zumindest bei eineiigen Zwillinge) genetisch identisch sind und insofern dieselben körperlichen und psychischen Eigenschaften aufweisen?

Aber auch demografische Gesichtspunkte spielen eine Rolle, denn gelänge es Mengele, das „Geheimnis" von Zwillingsgeburten zu lüften, könnte Deutschland die Welt doppelt so schnell beherrschen! Eine Verwundung an der Ostfront und die richtigen Beziehungen sorgen dafür, dass Mengele im Mai 1943 in Auschwitz seinen Dienst antritt, mit dem Eisernen Kreuz geschmückt und mit dem wahnwitzigen Traum, das

Mysterium der Zwillinge zu entschlüsseln. Doch erst einmal muss er sich der Lagerrealität stellen, zunächst als Assistent des Dr. Klein, später selbst als leitender Arzt, ist Mengeles Hauptaufgabe die Selektion der Neuankömmlinge. Er macht seine Arbeit gründlich. „Wie ein Bluthund", so ein Überlebender über ihn, spürt er systematisch jeden auf, der zur sofortigen Tötung bestimmt ist. Tag und Nacht versieht er an der Rampe mit abscheulicher Gründlichkeit seinen Dienst. Wozu all der Arbeitseifer? Bei allem Einerlei beschert der Alltag dem Doktor manchen freudigen Moment, etwa als eine ganze Familie von Kleinwüchsigen eintrifft (eine weitere seiner widerlichen Marotten), oder wenn er Zwillinge entdeckt. Über Häftlingsnummer und Judenstern hinaus bekommen sie noch ein „ZW" für Zwilling eintätowiert. Der schöne Doktor ist nämlich passionierter Sammler.

Bei einem ankommenden Transport fallen ihm eines Tages ein Buckliger und sein Sohn auf, der einen verkrüppelten Fuß hat. Er setzt sich in den Kopf, ihre Skelette dem Anthropologischen Museum in Berlin zu senden: Er lässt beide erschießen, die Knochen präparieren, verpacken und verschicken.

Auch nach der Selektion ist für diejenigen, die an der Judenrampe davongekommen sind, die Angst vor dem „Todesengel" nicht vorbei. Die Gefahr lauert im Krankenrevier. Der Mediziner hält sich auch hier strikt an den Grundsatz, das Lager von nutzlosen Insassen zu entlasten. Außerdem muss er aufpassen, dass das Revier nicht überfüllt wird. Wozu Kranke behandeln, die letztlich sowieso „ins Gas gehen"? Also setzt Mengele die Selektion am Krankenbett fort.

Sobald er den Raum betritt, macht sich Panik breit, denn jeder weiß, dass eine Handbewegung von ihm reicht – Daumen nach unten statt nach oben – und man ist tot. Man richtet sich auf, man macht sich mit irgendetwas, egal was, die Wangen rot, man versucht, ein paar Minuten durchzuhalten, bis das Auge Gottes anderswohin blickt ...

Mengele redet nicht viel, mustert die Menschen nur geringschätzig mit seinen „toten Augen", seinen „wilden Augen", wie Überlebende später sagen. Einige erinnern sich an seinen Geruch, sein Eau de Cologne, an seine zwanghafte Reinlichkeit, seine Geistesabwesenheit („er redete mit dem Teufel"), seine Grausamkeit. Wieder bildet er Kolonnen: links, rechts ... jeder weiß, dass es links in die Gaskammern geht. Aber Mengele ist auch eine Spielernatur: Manchmal entscheidet er am Schluss der Selektion, wenn sich in der linken Kolonne alle schon den Tod vor Augen haben, dass diesmal ... die rechte Kolonne vergast wird! Tyrannisch nimmt er sich alles heraus, lässt anderen aber nichts durchgehen. Den übrigen Ärzten (meist selbst Häftlinge) hält er ständig ihre mangelnde Effizienz vor. Einer von ihnen berichtete: *Er regte sich schrecklich über die lange Schlange der Wartenden auf, nahm die Spritze in die Hand und zeigte ihnen [den SDG oder den Häftlingen, die dazu eingeteilt waren], wie sie es schneller machen konnten.* Wortlos setzte Mengele selbst blitzschnell die Spritze.

Todgeweiht sind auch Schwangere. Wer schon bei

der Ankunft auf der Rampe in Umständen ist, wird sofort vergast: Zwei Juden auf einmal loszuwerden, ist schließlich ein Glücksfall, den man nicht ungenutzt lassen darf!

Für Frauen, die erst im Lager eine Schwangerschaft bemerken, gibt es zwei Möglichkeiten – gemäß Mengeles Anweisungen zwei „Chancen".

Die eine bedeutet den Tod: Wird das Baby lebend geboren, vergast man Mutter und Kind.

Die andere rettet ... die Mutter, nämlich wenn das Baby tot geboren wird.

Die Deportierten begreifen schnell, dass sie, um die Mütter zu retten, die Kinder opfern müssen.

Sobald bei einer Schwangeren die Wehen einsetzen, wird sie von den übrigen Frauen im Block versteckt. Das Neugeborene töten sie sofort – so bleibt wenigstens die Mutter vorerst verschont.

Viele der Frauen, die an diesen grauenhaften Vorgängen beteiligt waren, sagten später aus, sie hätten sie nie verwunden. Dem Doktor dagegen macht sein Job offensichtlich Spaß, sieht man von gelegentlichen Wutausbrüchen ab. Er geht ganz in seiner Arbeit auf und greift durch, etwa als er im Lager eine Fleckfieberepidemie befürchtet.

Himmler müsste ihn ja für völlig unfähig halten, falls eine solche Epidemie womöglich den Bestand an kostenlosen Arbeitskräften dezimiert! Er weiß, dass die Krankheit viele Tote fordern würde und vor allem die SS-Leute beunruhigt. Ein dutzend Frauen erscheint im Revier, alle mit den gleichen Symptomen, die sich als Scharlach entpuppen. Mengele hört davon. In der darauffolgenden Nacht lässt er 1500 Frauen töten, die sich angesteckt haben könnten. Er packt das Übel an der Wurzel.

In der Tat eine radikale Methode, eine beginnende Epidemie im Keim zu ersticken! Mengele ist geistesabwesend, mit den Gedanken ganz woanders: Er forscht wie besessen, hektisch, denn er ahnt, dass das Dritte Reich keine 1000 Jahre bestehen wird.

Was aber geschieht mit den Zwillingen? Nach der Selektion schickt er sie in einen besonderen Block, wo er sich persönlich um seine „Forschungsobjekte" kümmert: Zwerge, Zwillinge, Menschen mit Missbildungen aller Art. Sie genießen eine Sonderbehandlung, werden besser verpflegt, dürfen sogar ihre Haare behalten ... bis zu dem Tag, an dem die „Experimente" beginnen. Zwillingsschwestern, die zu den wenigen Überlebenden von Mengeles Opfern gehören, berichten später, was im Block vor sich ging:

Es war wie in einem Labor. Zuerst hat man uns gewogen, dann gemessen und verglichen – kein Körperteil, der nicht gemessen und verglichen worden wäre. [...] Sie wollten alles genau wissen.

Wie beide betonen, bestand Mengele darauf, die Operationen zum größten Teil selbst vorzunehmen, und ging dabei mit akribischer Sorgfalt vor. Alles musste „sauber, sauber, sauber" sein, und das trotz der unzähligen Blutproben, die man den Zwillingspaaren abnehmen musste, um den Wissensdurst dieses Nosferatu im weißen Kittel zu befriedigen. Zum Schluss „kam einfach kein Blut mehr", erinnern sich die beiden Frauen.

Zigeuner, Zwillinge, Zwerge ... alles wird dokumentiert, skizziert, archiviert und klassifiziert, doch vergebens: Der schöne Doktor ist nun einmal kein Forscher. Er findet nichts. Es gelingt ihm nicht, das Geheiminis der Zwillingsgeburten zu lüften.

Er muss radikaler vorgehen.

Wenn er durch Beobachten seiner Versuchskaninchen nichts findet – dann vielleicht, indem er ihre Organe untersucht.

Dafür muss er sie sezieren, also zunächst einmal ... töten.

Da Mengele aber zum eigenständigen Autopsieren nicht ausgebildet ist, vertraut er diese Aufgabe einem Häftlingsarzt an. Dr. Miklos Nyiszli schildert Horrorszenen wie diese:

In dem Arbeitsraum neben dem Sektionssaal warteten 14 Zigeunerzwillinge unter Bewachung von SS, bitter[lich] weinend. Dr. Mengele sagte kein Wort zu uns, bereitete eine 10 ccm- und eine 5 ccm-Spritze vor. Aus einer Schachtel legte er Evipan, aus einer anderen Chloroform, das sich in 20 ccm-Gläschen befand, auf den Operationstisch. Danach führen sie den ersten Zwilling herein, es war ein 14 Jahre altes Mädchen. Dr. Mengele befahl mir, das Mädchen zu entkleiden und auf den Seziertisch zu legen. Danach spritzte er in dessen rechten Arm intravenös Evipan ein. Nachdem das Kind eingeschlafen war, tastete er die linke Herzkammer aus und injizierte 10 ccm Chloroform. Das Kind war nach einer einzigen Zuckung tot, worauf Dr. Mengele es in die Leichenkammer bringen ließ. Auf diese Weise folgte in dieser Nacht die Tötung aller 14 Zwillinge.

Mengele verbringt Stunden im Seziersaal, sucht

und sucht. An Ideen mangelt es ihm nicht: Er füttert Bakterien mit frischer Menschenhaut und beobachtet, was in den Körpern eineiiger Zwillinge abläuft, wenn der Tod im selben Moment eintritt. Dr. Nyiszli wundert sich zunächst, dass er die Leichen paarweise auf den Seziertisch bekommt: *Wo gibt es schon im normalen Leben den an ein Wunder grenzenden Fall, dass Zwillinge am gleichen Ort, zur gleichen Zeit sterben?*

Aber das Rätsel klärt sich bald auf. Eines Tages bringt man ihm auf einer Trage, mit einem Tuch abgedeckt, zweijährige Zwillingsknaben. Bei der Autopsie findet er bei beiden im Herzen ein Loch. Schlagartig wird ihm klar, dass Mengele die Kleinkinder eigenhändig mit einer Chloroforminjektion ins Herz getötet hat.

Ich kann mir nicht vorstellen, wie ein Mann es schafft, eine Kanüle in die Brust eines zweijährigen Kindes zu stoßen, das vor ihm liegt und ihn anschaut.

Zwillinge sind leider nicht Mengeles einzige „Forschungsobjekte". Auch Kleinwüchsige gehören dazu. Für Mengele sind Wachstumsstörungen ohne jeden Zweifel Ausdruck angeborener genetischer Anomalien, die von „minderwertigen" Rassen weitervererbt werden.

Wie die Zwillinge werden auch die Kleinwüchsigen umsorgt, soweit das in einem Konzentrationslager möglich ist, das heißt ordentlich untergebracht und gut genährt. Block 14 im Männerlager. Sie werden nicht kahlgeschoren. Unter ihnen die erfolgreiche Musiker- und Artistenfamilie Ovitz, zu der sieben Kleinwüchsige zählten. Mengele entnimmt Proben von Knochenmark, Blut, Zähnen, Muskelgewebe, Haaren.

Die Männer und Frauen müssen nackt vor NS-Größen defilieren und Mengeles Lieblingsmelodien spielen. Wie durch ein Wunder überleben sie.

Mengeles Interesse erstreckt sich auch auf Noma, eine furchtbare Krankheit, die unter extrem schlechten hygienischen Bedingungen entsteht und Kinder und Jugendliche innerhalb weniger Wochen entstellt. Zum Schluss klafft ein riesiges Loch mitten im Gesicht, denn Haut, Muskeln, Lippen, Kieferknochen – alles wird buchstäblich weggefressen, bis der Kranke stirbt. Dass es in Auschwitz vor allem die Zigeuner trifft, ist in Mengeles Augen kein Zufall, sondern ein Indiz für eine genetische Veranlagung, aber auch für eine Syphilis, an der nach seiner Überzeugung so gut wie alle Zigeuner leiden.

Augenfarben faszinieren ihn. Warum sind blaue – arische – Augen so selten? Er selektiert rund 30 blonde Kinder mit braunen Augen und spritzt ihnen Methylenblau in die Augäpfel, um zu sehen, was passiert … Ergebnisse und Proben schickt er an von Verschuers Institut für Rassenbiologie in Berlin. Einer von Mengeles Assistenten erinnert sich: Er hatte Anweisung, acht Sintikindern mit heterochromer (verschiedenfarbiger) Iris sofort nach ihrem Tod durch Entkräftung die Augen zu entnehmen, zu konservieren und paarweise an das Berliner Institut zu verschicken. Eines der Kinder überlebt und entgeht so der Verstümmelung, doch Mengele bekommt davon Wind und lässt ihn zurechtweisen: „Sie haben mir nur sieben Augenpaare gegeben. Da fehlt eines!" [Die fehlenden Augen müssen] „noch heute abgeschickt werden!"

Doch letztlich geht der Jäger leer aus. All seine Akten, seine Berge von Berichten, die Behälter und Proben sammelt er in Birkenau in einem Raum, zu dem niemand außer ihm Zutritt hat. Alles ist für die Wissenschaft bestimmt, für die Habilitationsschrift, die Mengele verfassen will, sobald er gefunden hat, was er sucht. Als die Sowjetarmee das Lager befreit, findet sie nichts, denn das Mausoleum ist leer: Die meisten Unterlagen befinden sich längst im Berliner Institut, das jedoch unverzüglich beginnt, alles Kompromittierende aus seinem Archiv verschwinden zu lassen. Auch Mengele ist verschwunden. Der Jäger ist fort und hat seine Spuren verwischt.

11

„Ich habe mir nichts vorzuwerfen."

Auf den Spuren Josef Mengeles

Santa Rosa, Rio Grande do Sul. Den Namen kennen nur Fußballfans wie ich, denn aus dieser brasilianischen Grenzstadt stammt Cláudio Taffarel, der legendäre Torwart, der Brasilien bei der WM 1994 den Sieg bescherte. Aber es ist auch der Ort, an dem sich Josef Mengele jahrelang vor seinen Verfolgern verkroch.

Das Grenzgebiet zwischen Brasilien, Paraguay und Argentinien ist weitenteils mit tropischem Regenwald bedeckt. Unter seinem üppig wuchernden grünen Dach findet ein fantastisches Bestiarium wilder Tiere und Insekten genauso Unterschlupf wie Drogen- und sonstige Schmuggler und Kriminelle auf der Flucht. Zu den besonderen Spezies des Bundesstaats gehört auch ein Ungeheuer in Menschengestalt namens Josef Mengele. Rio Grande do Sul war der letzte Rückzugsort des KZ-Arztes und vieler anderer Verbrecher. Für Mengele muss die Region das Paradies auf Erden gewesen sein, denn dort gab es nicht nur eine große deutsche Gemeinde, sondern auch die meisten Zwillinge weltweit. Ob dies vielleicht nicht nur auf Zufall beruhte, werden wir noch sehen.

Doch bis er seinen Garten Eden findet, entgeht Mengele mehrmals der Hölle und schließt mehr als einen Pakt mit dem Teufel. Er flüchtet wenige Tage vor der Befreiung von Auschwitz durch die Rote Armee im Januar 1945. Zurück bleiben nur wenige seiner Aufzeichnungen, dafür aber fast 800 menschliche Versuchskaninchen, an denen er seine Experimente nicht mehr zu Ende bringen konnte. Kaum 90 von ihnen erleben den Frühling. Ihr Peiniger hat sich derweil ohne größere Schwierigkeiten bis in seine bayerische Heimat durchgeschlagen. Ironie des Schicksals: Als der Prozess gegen die NS-Ärzte beginnt, lebt der Todesengel von Auschwitz unbehelligt in einem Bauernhaus rund hundert Kilometer – nach heutigen Maßstäben kaum zwei Autostunden – von Nürnberg entfernt. Die Familie Mengele genießt in der Gegend Einfluss und Ansehen. Außerdem wollen alle nur, dass möglichst schnell wieder der Alltag einkehrt, zumal noch kaum jemand etwas über die grausigen Menschenversuche weiß. Also kommt es niemandem in den Sinn, den Doktor zu belästigen. Zwei Dinge fallen in Mengeles Leben auf: seine Vorliebe für Zwillinge und sein unglaubliches Glück. Ausgerechnet diesem Schuft ist das Schicksal so oft hold, dass man darüber verzweifeln könnte – oder ins Grübeln kommt. Während jeder SS-Mann an der eintätowierten Blutgruppe am Unterarm erkennbar ist, sind Mengeles Arme bar jedes Stigmas aus der Vergangenheit. Noch ein Beispiel? Die Behörde für die Verfolgung von Kriegsverbrechen soll gegen ihn ermitteln, die Untersuchung gegen ihn kommt jedoch nicht voran. Indessen wird die Verhaftung seines Doktorvaters Otmar von Verschuer vorangetrieben, denn der Professor galt zunächst als wichtiger als sein Doktorand. Heute wissen wir, dass Mengeles Experimente bei weitem krimineller waren als von Verschuers fixe Ideen, doch das war der Justiz damals nicht klar. Sie lässt den Täter laufen und jagt stattdessen Schimären nach. Immer wieder gelingt es „Beppo", in jeder kritischen Lage unversehens doch noch im letzten Moment seinen Kopf aus der Schlinge zu ziehen. Unmittelbar nach Kriegsende entgeht er dem Nürnberger Prozess, aber auch als der israelische Geheimdienst ihn in den 1960er-Jahren um ein Haar zu fassen bekommt, löst sich Mengele wenige Tage zuvor in Luft auf. Der Todesengel hat immer wieder Schwein.

Gelegentlich zeigt er doch einen Hauch von Gewissensbissen, vielleicht ist es aber nur die Angst vor Entdeckung. Etwa als er ein befreundetes Ehepaar besucht. Albert Müller ist sein Studienfreund. Die Szene, die Gerald Astor als einer der wichtigsten Biografen Mengeles[14] wiedergibt, spielt sich im bayerischen Donauwörth ab, nur 90 Kilometer von Nürnberg entfernt, wo zeitgleich der Ärzteprozess läuft. Frau Müller öffnet dem Besucher die Tür:

Guten Tag, Dr. Mengele, sagte ich zu ihm, und er wirkte überrascht über die Begrüßung. Dann sprach er mit meinem Mann und betonte: „Das, was du über mich hören wirst, das sind alles Lügen. Glaub kein Wort davon. Ich habe mir nichts vorzuwerfen."

Ob sein Freund darauf hereinfiel oder ob Mengele das selbst glaubte, weiß ich nicht (um welche Vorwürfe hätte es sich seiner Meinung nach wohl gehandelt?), aber es ist für mich unfassbar, dass einer der Haupttäter des Nationalsozialismus unbehelligt kommen und gehen konnte, während wenige Kilometer entfernt der Prozess stattfand! Erst als sich das Nachkriegschaos allmählich legt, wird es für Mengele immer schwieriger, unentdeckt in Deutschland zu leben. 1949 schließlich muss er im Ausland untertauchen – für den Vorreiter der „arischen Herrenrasse" sicher ein schwerer Schritt. Aber letztlich fügt sich für ihn alles zum Besten.

Nach einem Umweg über Rom und mit tatkräftiger Hilfe von Alois Hudal, dem Rektor des deutschen Priesterkollegs in der Heiligen Stadt, geht der nagelneue deutsche Bürger Helmut Gregor nach ruhiger Überfahrt am 20. Juni 1949 in Buenos Aires von Bord der *North King*. Mittelgroß, mit rundem Gesicht und tiefliegenden Augen sowie einem seltsam geformten Kiefer sieht Gregor wie ein Zwilling Josef Mengeles aus. Das aufzudecken, ist jedoch nicht Aufgabe der argentinischen Zöllner, schon gar nicht unter Perón. Das Regime des Generals gibt sich nach außen hin neutral, weiß jedoch das Vermögen der früheren „Würdenträger" des Dritten Reichs durchaus zu schätzen. Mengele ist bei weitem nicht allein. Buenos Aires beherbergt bereits illustre deutsche Flüchtlinge wie den „Schlächter von Riga", Eduard Roschmann, oder Erich Priebke, einen der Verantwortlichen des Massakers in den Ardeatinischen Höhlen, wenig später auch Adolf Eichmann. Helmut Gregor befindet sich also in bester Nazi-Gesellschaft.

Im Juni beträgt die mittlere Temperatur in Buenos

Aires nur rund 16 Grad, die Luftfeuchtigkeit ist noch erträglich (alle Fremdenführer empfehlen diesen Monat als ideale Reisezeit), doch Helmut Gregor schwitzt Blut und Wasser. Zwischen Möwengeschrei, Menschengewimmel und fremden Gerüchen wundern sich die Zöllner im Hafen über das Gepäck des Mannes, den seine Papiere als „Mechaniker" ausweisen: ein Aktenkoffer mit Aufzeichnungen und biologischen Proben, die teilweise Menschenblut enthalten. Vielleicht stellen sie Fragen, aber die versteht Mengele mit seinen paar Brocken Spanisch nicht. Von ihrer Entscheidung hängt seine Zukunft ab. Er, der in Auschwitz mit so viel Sorgfalt und Vergnügen seine Versuchskaninchen auswählte und so viele in den Tod schickte, ist nun selbst auf das Wohlwollen anderer angewiesen. Die Zöllner prüfen, murmeln Unverständliches. Reisepass Nummer 100.501, ausgestellt vom Internationalen Roten Kreuz, ist in Ordnung. Die Zöllner winken ihn weiter. Erleichtert schlägt er die Hacken zusammen. Dann beginnt für den Todesengel ein neues Leben.

Und das ist zweifellos mondän. Nach einigen Monaten in einem schäbigen Hotel zieht Helmut Gregor bei seinem steinreichen Landsmann Malbranc ein, Direktor des Banco Alemán Transatlántico und Verwalter der NS-Gelder, die während des Krieges nach Argentinien flossen. Durch das Ehepaar Malbranc lernt er die in der Gegend schon ansässige Nazi-Prominenz kennen. Zweifellos mit ihrer Hilfe gründet Gregor auch einen Handel mit Holzspielzeug, erweitert kontinuierlich sein Netzwerk und baut ein neues Universum auf, in dem er wieder Dr. Mengele sein wird. Sein Forscherdrang ist ungebrochen. Auch den Kontakt zu seiner Familie in Deutschland hält er, vor allem zu seinem Sohn Rolf, den er kaum kennt. Als Arzt darf er zwar nicht praktizieren, aber er berät nicht nur seine Nachbarn, sondern auch Lokalgrößen der örtlichen Industrie, darunter das Pharmaunternehmen Wonder und vielleicht sogar noch höhere Kreise. Der Journalist Tomás Eloy Martínez erzählte beispielsweise diese bezeichnende Anekdote über Präsident Perón:

Eines Morgens im September 1970 erzählte Perón mir begeistert von einem Genetik-Spezialisten, der ihn während seiner zweiten Amtszeit häufig in der Präsidentenvilla in Olivos besuchte und mit seinen wundersamen Entdeckungen unterhielt. „Eines Tages", fügte Perón hinzu, „musste der Mann fort, weil ein Viehzüchter in Paraguay ihn engagiert habe, seine Herde zu verbessern. Er werde ein Vermögen dafür bekommen. Er zeigte mir Fotos von einem Stall, den er in der Gegend um Tigre besaß. Alle Kühe dort brachten Zwillinge zur Welt." Ich fragte ihn nach dem Namen dieses Zauberers. Perón schüttelte den Kopf: „Ich erinnere mich nicht mehr gut. Es war einer dieser stattlichen Bayern, kultiviert, stolz auf ihr Vaterland. Warten Sie mal ... wenn ich mich nicht irre, hieß er Gregor. Genau, das stimmt: Dr. Gregor."[15]

Da die Erinnerung uns bekanntlich oft Streiche spielt, hüte ich mich, die Worte des argentinischen Präsidenten für bare Münze zu nehmen, doch Tatsache ist, dass Mengele 1954 ordnungsgemäße Ausweispapiere erhält, mit denen er sogar in die Schweiz reisen kann. Dort trifft er seinen Sohn und verführt die Frau seines wenige Jahre zuvor verstorbenen Bruders. Dieses pikante Detail lässt vermuten, dass Mengele im Privatleben kaum weniger ein Schuft war als im öffentlichen Leben, aber es macht noch etwas anders deutlich. Nach der 1954 erfolgten Scheidung von seiner Frau Irene heiratet er Martha Maria Will am 25. Juli 1958 in Nueva Helvecia (Uruguay) und unterschreibt erstmals wieder mit seinem richtigen Namen. Josef Mengele ist wieder da und wird 1958 Teilhaber des Labors Fadro Farm, das vorrangig Arzneimittel gegen Tuberkulose herstellt. Tagsüber führt er das Leben eines ehrbaren Ehemanns, der sich Zeit für seine Familie nimmt, ein bisschen viel Schokolade isst und in den Augen aller als durchschnittlicher Wohltäter gilt, der sich maßvoll für die Ausrottung einer damals noch tödlichen Krankheit einsetzt. Nachts hingegen verwandelt er sich in einen Arzt, der im Schutz der Dunkelheit verzweifelten Frauen zur Abtreibung verhilft. Eine Tätigkeit, die sicher gut gemeint, aber zweifelhaft ist, denn man weiß davon nur durch polizeiliche Ermittlungen, weil ein junges Mädchens nach einem seiner Eingriffe stirbt. Mengele ist offenbar ein wenig aus der Übung. Ab 1963 ist er auch gar kein Doktor mehr, denn die Universitäten München und Frankfurt erkennen ihm seine beiden Doktortitel ab. Die Sache mit dem Mädchen regelt er zwar mit ein paar Scheinen in die richtige Polizistenhand, doch daheim in Deutschland setzen sich die Mühlen der Justiz in Gang. Ein internationales Komitee von Auschwitz-Überlebenden strengt ein Verfahren wegen Völkermords gegen ihn an. Zunächst können die Ankläger nur mit Geduld und Mut warten, bis die miterlebten oder erlittenen Untaten aufgeklärt sind, doch immerhin erwirken sie ein Auslieferungsgesuch. Die Anklage wegen Völkermords scheint Mengele nicht weiter zu interessieren, aber gegen die Aberkennung seiner Doktortitel erhebt er offiziell Einspruch. Das bezeugt seine Eitelkeit, aber auch seinen Realitätssinn, denn er hat guten Grund zu der Annahme, dass der Arm der deutschen Justiz nicht bis Südamerika reicht.

Dass er damit Recht behält, verdankt er nicht zuletzt zwei Schutzengeln. Zum einen verschleppt die Verwaltung vor Ort mit allen Mitteln den Auslieferungsantrag, sodass die Zustellung erst mit einem Jahr Verzögerung erfolgt und Mengele reichlich Zeit hat, sich aus Argentinien abzusetzen.

Der zweite Schutzengel heißt Adolf Eichmann. Der Organisator der „Endlösung", der die Deportation von Millionen Menschen in die Konzentrations- und Vernichtungslager organisierte, folgte derselben Rattenlinie wie Mengele: Papiere vom Internationalen Roten Kreuz, Überfahrt zweiter Klasse auf einem italienischen Frachter, diskrete Ankunft in Argentinien, das vermeintlich sichere Leben inmitten alternder NS-Prominenz, Gespräche und monströse Träume von einem Vierten Reich sowie Treffen, die mehr und mehr einem Rentnerklub ähneln. Eichmann und Mengele haben noch mehr gemeinsam. Beiden ist der israelische Geheimdienst auf den Fersen. Ab 1960 infiltrieren sechs Mossad-Agenten verdeckt die NS-Kreise. Sie beobachten, lauschen, sammeln Informationen, aber die Priorität ihrer Mission lautet: zuerst Eichmann, dann Mengele. Schließlich können sie Eichmann dingfest machen, doch seine Entführung bleibt nicht unbemerkt, und das Wissen verschafft den übrigen NS-Veteranen Zeit, sich zu organisieren. Mit Hilfe eines Ex-Hauptmanns, einer Generalswitwe und korrupter lokaler Militärs verschafft sich Mengele einen neuen Pass und eine neue Identität. Josef Mengele verschwindet wieder einmal spurlos, dafür wohnt nun Alfredo Mayen im Dörfchen Hohenau in Paraguay, wo viel Deutsch gesprochen wird.

Die Einwohner sind Ende des 19. Jahrhunderts größtenteils aus Dresden eingewanderte Sachsen, die ihrer neuen Heimat einen sehr teutonischen Anstrich gegeben haben. Die Straßenschilder prangen in Frakturschrift, an vielen privaten und öffentlichen Gebäuden flattern deutsche Fahnen, man spricht überwiegend die Sprache Goethes, begeht dieselben Feiertage wie in Frankfurt und kultiviert wie alle Gemeinschaften von Emigranten und ihren Nachkommen ein übersteigertes Nationalgefühl. Alles in allem ein idealer Rückzugsort für Josef Mengele, der ohne weiteres die paraguayische Staatsbürgerschaft erhält. Dennoch ist der Todesengel von Auschwitz nicht glücklich, wie ihn der damalige Bürgermeister von Hohenau schildert:

Natürlich [kannte ich ihn]! Ich lernte Dr. Mengele um 1960 kennen, als er anfing, bei Alban Krug zu arbeiten. Ich hatte das Vergnügen, einige Jahre sein Nachbar zu sein. Er nannte sich „Dr. Fischer". Er war ein distinguierter Herr, immer gut gekleidet, sehr vornehm. Wenn Mensch oder Tier krank wurden, kümmerte er sich sofort darum. Ich erinnere mich, dass er auf seiner Veranda saß und Bratsche spielte. Er sang auch auf Deutsch Lieder aus seiner Heimat. Er sang unter Tränen, weil er an sein Vaterland dachte. [16]

Worauf beruht die Melancholie? Erinnert er sich mit Wehmut an die Musiker im Konzentrationslager Auschwitz, die er eigens aufspielen ließ, während er die Opfer für seine Versuche auswählte und die übrigen liquidieren ließ? Vielleicht geht es ihm nahe, dass die Zeit davonrennt und die Zukunft für sein Meisterwerk immer ungewisser wird, denn noch immer schlummert seine Habilitation in den Aktenkoffern, die ihn seit Auschwitz stets begleitet haben. Fürchtet er, seine Entdeckungen (die er gemacht zu haben glaubt) könnten ungenutzt bleiben und genau wie er selbst in einem abgeschiedenen Eckchen Südamerikas in Vergessenheit geraten? Was er getan hat, bereut er nicht im Geringsten, das bezeugt das Tagebuch, das er im Exil führt. Über Albert Speer, ehemals Reichs-Rüstungsminister, schreibt Mengele 1976: *Er erniedrigt sich und zeigt Reue, was bedauerlich ist.*

Mit 50 Jahren ist es nicht zu spät für einen Neuanfang, vor allem, wenn man wie Mengele körperlich fit ist, und so widmet er sich wieder der Medizin. Ab 1963 überquert er häufig die Grenze nach Brasilien, vor allem in die Region um Cândido Godói. Als angeblicher Tierarzt Rudolf Weiss betreut er dort Viehherden und verkauft skrupellosen Bauern zu astronomischen Preisen Impfstoffe gegen Tuberkulose.

Wer sich so als unehrlich entpuppt, bekommt von ihm ein Angebot, dessen Geheiminis nur er kennt. Er beherrscht nämlich nicht nur die künstliche Befruchtung, sondern kann mit gezielten Zwillingsgeburten für schnelleren Zuwachs der Herde sorgen. Bei den vertrautesten und leichtgläubigsten Kunden lässt er zudem durchblicken, dass sich seine Talente nicht auf das liebe Vieh beschränken. Tatsächlich geschehen in Cândido Godói Dinge, die so bizarr sind, dass John Carpenter einen Film darüber drehte: Zwillingsgeburten häuften sich derart, dass sie bis zu 33 % aller Geburten ausmachten, während es in der Regel nur 2 % sind. Kam Mengele in das Dorf, um dieses Phänomen zu studieren, oder hatte er selbst etwas damit zu tun?

Sicher ist, dass Zwillinge sehr häufig wiederum Zwillinge bekommen. Die Kleinstadt darf sich mit Fug und Recht rühmen, den Mehrlingsrekord zu halten und jährlich das einzige Zwillingsfest der Welt zu feiern. Kürzlich beschäftigten sich Forscher der Universität Nantes mit dem Phänomen, sie konnten jedoch auch keine schlüssige Erklärung liefern. Die Einwohner von Cândido Godói behaupten gern, es liege an ihrem wundertätigen Trinkwasser, doch das einzige bisher nachweisbare Wunder ist der stete Touristenstrom, den es in das abgeschiedene *Dorf der Verdammten* lockt. Niemand wagt es, darin Mengeles Werk zu sehen. Man verweist lediglich darauf, er habe sich in Cândido Godói für das Zwillingsphänomen interessiert. Diese offizielle Version ist durchaus denkbar. Mengeles Geheimnis versank jedenfalls mit ihm zusammen im Meer vor Bertioga, wo er 1979 beim Baden nach einem Herzinfarkt ertrank und ein letztes Mal von der Bildfläche verschwand.

12

„Negative Demografie"

Carl Clauberg

Klein, untersetzt, mit Tirolerhut und dicker Brille – schon von seinem Äußeren her wirkt Carl Clauberg absonderlich. Die Art, wie er sich kleidet, macht es nicht besser: Alles an ihm ist rund und verströmt typisch deutsche Gemütlichkeit, und doch hat er etwas Verstörendes. Mit seinem Mondgesicht, dem knubbeligen Schädel, dem dünnen, spärlichen Haar, den schmalen Lippen und dem Doppelkinn sieht er wie ein vorgealterter Säugling aus. Gewiss ein verdienter Mann, der sorgenvoll und vom Leben benachteiligt wirkt. Er kommt aus kleinen Verhältnissen, hat im Ersten Weltkrieg als Infanterist im Schlamm gelegen und das furchtbare Gemetzel miterlebt. Nach Kriegsende hat er Medizin studiert und ein glänzendes Examen abgelegt. Wann wurde er zu dem, was er später war? Säuglinge faszinieren ihn genauso wie das Wunder der Geburt, und viele kommen mit seiner kundigen Hilfe im St. Hedwig-Krankenhaus in Königshütte zur Welt. Obwohl ihm durch seine Ausbildung durchaus höhere Weihen offen gestanden hätten, genießt Dr. Clauberg schon Ende der 1930er-Jahre als Geburtshelfer hohes Ansehen, auch wenn er aufgrund seines unangenehmen Wesens und abstoßenden Äußeren nicht sehr beliebt ist.

Clauberg, den die Lagerinsassen wegen seines großen Kopfs auf dem kleinen, dicken Körper „Tiefflieger" nennen, ist Mr. Hyde, aber ohne Dr. Jekyll. Dem 1,54 Meter kleinen Mann bescheinigen psychiatrische Gutachten in der Nachkriegszeit sinngemäß eine *zutiefst abnorme Persönlichkeit mit einem heterogenen Konglomerat aus intellektuellem Größenwahn, schweren Charakterfehlern und organischen Anomalien. Die hohe Meinung, die er von sich selbst hegt, sein von Grund auf vernunftwidriges, widersprüchliches und destruktives Wesen und seine häufige Überreizung machen ihn dissozial und gefährlich.*[17] Immerhin war dieser Mann jahrelang Chefarzt einer oberschlesischen Frauenklinik.

Hochintelligent und übersteigert stolz wie viele Hässliche, will Dr. Clauberg Mittel und Wege finden, jeder unfruchtbaren Arierin die Empfängnis zu ermöglichen. Er, der einen Großteil seiner Karriere Babys auf die Welt geholfen hat, strebt jetzt die nächsthöhere Ebene an: die Rasse retten. Außerdem würde es nicht schaden, sich damit Himmlers Wohlwollen zu verschaffen, dessen krankhafte Ehrfurcht vor der Forschung allseits bekannt ist. Clauberg wird dazu auch Gelegenheit haben, aber noch sind andere am Zug.

Bei etwa 10 Millionen europäischer Juden sind nach meinem Gefühl mindestens 2–3 Millionen sehr gut arbeitsfähige Männer und Frauen enthalten. Ich stehe in Anbetracht der außerordentlichen Schwierigkeiten, die uns die Arbeiterfrage bereitet, auf dem Standpunkt, diese 2–3 Millionen auf jeden Fall herauszuziehen und zu erhalten.

Allerdings geht das nur, wenn man sie gleichzeitig fortpflanzungsunfähig macht.

Verfasser dieses Schreibens an Himmler ist ein Fachmann für „negative Demografie" namens Viktor Brack, dessen Karriere als Himmlers Fahrer begann. Er hört seinem Chef zu. Dieser sieht in ihm die Menschlichkeit, praktische Vernunft und den Mut einfacher Leute. Durch die Ermordung der Kriegsversehrten des Ersten Weltkriegs, einiger Rentner und über 70 000 Behinderter (im Rahmen eines gezielten Programms mit dem diskreten Codenamen „Aktion T4") erspart er dem Reich jede Menge Kriegsversehrten- und Altersrenten und macht zugleich unzählige Krankenhausbetten frei. Bei der Planung der Endlösung spielt er deshalb eine prominente Rolle mit seiner Idee, das erfahrene Personal der Aktion T4 auch zum Völkermord einzusetzen. Als Held der Massenvernichtung „unwerten Lebens" steht Brack im Dritten Reich in hohen Ehren und steigt zum SS-Oberführer auf. Als Dilemma entpuppt sich für das NS-Regime, dass mit jedem eroberten Gebiet weitere „Lebensunwerte" hinzukommen – es sind zu viele, als dass selbst Viktor Brack sie beseitigen könnte. Die Nachfrage übersteigt das Angebot. Wie das Problem zu lösen ist, erläuterte Hitler schon lang und breit in *Mein Kampf:* durch die Sterilisierung von Geisteskranken und Behinderten. Man musste die Methode lediglich ausweiten. Machte man die neuen „Untermenschen" unfruchtbar, konnte man sie als Arbeitssklaven oder in der Kriegswirtschaft ausbeuten und dann an Erschöpfung, Kälte und Hunger sterben lassen, ohne dass sie sich zügellos vermehren wie die Pest im Mittelalter. Dieser Plan ist zwar noch nicht die „Endlösung", löst aber immerhin gleich mehrere Probleme auf einmal, nämlich den Mangel an Arbeitskräften und die Beseitigung all der Männer und Frauen, für die im Tausendjährigen Reich kein Platz mehr sein sollte. Nun benötigt man nur noch eine möglichst preiswerte Methode der Massensterilisierung. Die Ausschreibung läuft und derjenige mit der besten Idee, ob Profi oder Amateur, erhält den Zuschlag!

Brack, den Diplomwirtschaftswissenschaftler und Arztsohn, fasziniert genau wie Himmler die Forschung, wenn auch in ihren weniger wissenschaftlichen und eher mystischen Ausprägungen. Viele Arztsöhne, die selbst andere Berufe ergreifen, haben ein gestörtes Verhältnis zur Medizin.

Wie also nun Hunderttausende möglichst schnell und effizient kastrieren, ohne dass sie es merken? Brack hat die Lösung parat: Röntgenstrahlen. Die erst wenige Jahrzehnte zuvor entdeckten Strahlen, die dem Deutschen Wilhelm Röntgen 1901 den Nobelpreis bescherten, durchleuchten den Körper, sind aber in hoher Dosierung sehr gefährlich, weil sie Gewebe zerstören. Die unsichtbaren Strahlen tun nicht weh, bewirken aber längerfristig dramatische Schäden wie Verbrennungen und Krebs.

In seinem Brief an Himmler erläutert Brack weiter: *Eine Röntgenkastration jedoch ist nicht nur relativ billig, sondern lässt sich bei vielen Tausenden in kürzester Zeit durchführen.*

Wir schreiben den 23. Juni 1942.

Kaum zwei Monate später fordert Himmler Brack auf, mit den Versuchen zu beginnen.

Als Schauplatz für die ersten Experimente wählt man Auschwitz.

Schon im Jahr zuvor hatte Brack bei Himmler einen Vorstoß gemacht, doch der Einmarsch in Russland im Sommer 1941 hatte seine Pläne durchkreuzt.

Dabei war der Plan geradezu perfekt gewesen. Das von Brack ersonnene Szenario hätte Stoff für einen spannenden Roman liefern können, eher noch einen Horrorfilm. Stellen Sie sich ein Postamt, ein Rathaus, ein Finanzamt oder ein anderes Verwaltungsbüro vor, in dem man in der Regel lange warten muss, bis man an die Reihe kommt. Heute ist der Wartesaal voll mit Leuten, die man herbestellt hat, um einen Fragebogen auszufüllen. Alle sind erleichtert, als sie schließlich feststellen, dass das Formular harmlos ist. Ohne zu ahnen, was ihnen geschieht, beantworten sie die banalen Fragen. Währenddessen schaltet der eifrige Beamte jedoch unbemerkt zwei Röntgenröhren ein, die das Becken von beiden Seiten bestrahlen – bei Männern zwei Minuten, bei Frauen drei Minuten lang. Lautlos, unsichtbar und ohne, dass die Betroffenen es merken, ist die Sache im Handumdrehen erledigt. Die bestrahlten Geschlechtsorgane werden unfruchtbar. Eine grandiose Idee, würdig eines Fritz Lang, der wenige Jahre zuvor wie die meisten großen deutschen Filmregisseure vor dem Hitlerregime geflüchtet war.

Brack hat alles berechnet, alles in Betracht gezogen. Die Rentabilität? 150 bis 200 Personen pro Tag könnten auf diese Weise „behandelt" werden. Mit

20 solchen Einrichtungen könnte man also täglich 3000 bis 4000 Personen sterilisieren.

Die Kosten? Ein Röntgenapparat mit zwei Röhren würde zwischen 20 000 und 30 000 Reichsmark kosten (umgerechnet rund 10 000–15 000 Euro). Hinzu kämen Kosten für den Schutz der ausführenden Beamten.

Natürlich wird man kaum verhindern können, dass die Betroffenen ihre Unfruchtbarkeit bemerken, das ist Brack klar, aber was macht das im Nachhinein schon? Wen interessieren auch die Spätfolgen, die höllischen Schmerzen, die furchtbaren Brandwunden, die natürlich nicht unbemerkt bleiben würden. Im Hinblick auf Euthanasie und negative Demografie darf man nicht pingelig sein, denn die Zeit drängt.

Himmler genehmigt die Experimente, aber ohne Schalter, Fragebogen und Mummenschanz. Für Geheimhaltung sorgen schon die Mauern der Konzentrationslager.

Ein Jahr später beginnt Dr. Schumann im Auftrag Bracks in Auschwitz mit den Versuchen zur Röntgenkastration. Um Sicherheitsvorkehrungen schert er sich so gut wie gar nicht.

Hören wir uns an, was ein junger polnischer Jude im Nürnberger Ärzteprozess dazu sagt:

Ich arbeitete vier Wochen beim Straßenbau, als plötzlich abends der Blockschreiber rief: „Sämtliche arbeitsfähige Juden im Alter von 20 bis 24 Jahren haben sich zu melden." Ich habe mich nicht gemeldet. Es wurden dann 20 Mann ausgewählt, die sich am zweiten Tage bei einem Arzte melden mussten. Am selben Tag kamen sie wieder zurück und mussten sofort zu arbeiten anfangen. Es wusste niemand, was man mit diesen 20 Mann vorhatte. Eine Woche später wurden wieder 20 Juden im Alter von 20 bis 24 Jahren ausgewählt. Aber diesmal wurden sie alphabetisch ausgesucht. Ich war gleich einer der ersten. Wir wurden nach Birkenau in ein Frauenarbeitslager transportiert. Dort erschien ein hochgewachsener Arzt in grauer Luftwaffenuniform [Schumann]. Wir mussten uns ausziehen und die Geschlechtsteile wurden unter einen Apparat gebracht und für 15 Minuten unter dem Apparat gehalten. Der Apparat hat die Geschlechtsteile und Umgebung stark gewärmt, und nachher haben sich diese Teile schwärzlich gefärbt. Nach dieser Aktion mussten wir sofort wieder arbeiten. Im Verlaufe von einigen Tagen haben die Geschlechtsteile bei den meisten Kameraden geeitert, und sie hatten sehr große Schmerzen beim Gehen. Sie mussten aber trotzdem arbeiten, bis sie umfielen. Die Umgefallenen kamen zur Vergasung.

[...] Nach zwei Wochen [...] kamen [wir] nach Auschwitz 1 in den Krankenbau, Block 20. Dort hat man uns operiert. Wir bekamen eine Spritze in den Rücken, worauf die untere Körperhälfte gefühllos wurde [...]. Beide Hoden wurden entfernt. [...] Ich habe den Vorgang im Spiegelglas einer chirurgischen Lampe beobachten können. [...]

... Entschuldigen Sie, dass ich weine, ich kann mich nicht enthalten. Da war ich drei Wochen im Krankenhaus Auschwitz. Nachher war eine Selektion und man hat 60 % von unserem Block zum Vergasen genommen. Und ich habe nachher Angst gehabt und bin halbkrank heraus vom Krankenhaus zur Arbeit. Ich bin gekommen zur Arbeit in

der Häftlings-Schneiderei. Dort musste ich ganz schwer arbeiten und bekam viel Schläge ...

Diese Zeugenaussage steht in so gut wie sämtlichen Büchern über dieses Thema[18] und erschütterte das Publikum dermaßen, dass sogar einige der Angeklagten entsetzt den Kopf abwandten. Auch die Folgen der Operation waren entsetzlich, erläuterte Dr. Robert Lévy, damals Häftlingsarzt und leitender Chirurg in Birkenau:

Ihre Wunden entarteten oft zu Strahlenkrebs. Ich vermute, dass die Hoden entfernt wurden, um mikroskopische Untersuchungen anzustellen, um die Resultate der Röntgenbehandlung festzustellen. [...]

Die kastrierten Jungen waren körperlich und psychisch angeschlagen. Sie litten furchtbar, denn eine Strahlendermatitis ist äußerst schmerzhaft. Auch psychisch waren sie niedergeschlagen. Sie waren keine Männer mehr, sondern nur noch menschliche Wracks.

Den jungen Mädchen ergeht es nicht besser. Sie werden noch früher sterilisiert, nämlich schon im Alter zwischen 16 und 18, die „Zigeunermädchen" sogar schon mit 13, weil es in ihrem Volk angeblich üblich ist, sehr früh das erste Kind zu bekommen. Erbrechen, unerträgliche Schmerzen – das Ergebnis ist stets gleich und immer todtraurig.

Aber die Methode überzeugt nicht. Sie ist zu kompliziert, zu langwierig – in der NS-Logik demnach kontraproduktiv. Wie die Zeugenaussage belegt, fielen die Opfer angesichts der Schmerzen und Spätfolgen für den Arbeitsdienst aus.

Bracks Nachfolger, Dr. Blankenburg, schreibt Himmler: *Ich verweise speziell [darauf] [...], dass eine Kastration des Mannes auf diesem Wege ziemlich ausgeschlossen ist oder einen Aufwand erfordert, der sich nicht lohnt. Die operative Kastration, die, wie ich mich selbst überzeugt habe, nur 6–7 Minuten dauert, ist demnach zuverlässiger und schneller zu bewerkstelligen als die Kastration mit Röntgenstrahlen.*
Das Skalpell gewinnt also die Partie und Röntgenstrahlen sind passé.

Während Blankenburg sich auf die Männer konzentriert, sucht der Gynäkologe Carl Clauberg nach wie vor die schnellste und effizienteste Methode, Frauen zu sterilisieren – zumindest diejenigen, die einer „minderwertigen" Rasse angehören, denn dahinter steckt die paradoxe Idee, er könne damit zugleich unfruchtbaren Arierinnen besser dabei helfen, ihrem Vaterland zu dienen.

Dazu strebt er eine eigene Methode an, denn neben Brack, Schumann, Blankenburg und Clauberg stehen diverse weitere Wissenschaftler mit ihren „Arbeiten" im erbitterten Wettstreit um einen praktischen Ansatz für die negative Eugenik.

Der Gewinner zählt natürlich auch darauf, dass die Sympathie des Reichsführers seiner Karriere förderlich sein wird, und so nimmt in Sachen Massensterilisierung die natürliche Selektion ihren Lauf. Es entbrennt ein verbissener Wettlauf zwischen brutalen, illoyalen Konkurrenten, die verblüffende Ergebnisse zu bieten haben.

Einer von ihnen ist Dr. Adolf Pokorny, Facharzt für Haut- und Geschlechtskrankheiten und vermutlich erfahrener Botaniker. Er interessiert sich für die Arbeiten eines gewissen Dr. Madaus über die Sterilisierung von Tieren mit einem Pflanzenextrakt aus dem Saft des Schweigrohrs *Caladium seguinum*, eines Aronstabgewächses, das brasilianische Indianer traditionell als Arzneipflanze verwendeten.

Es läuft das übliche Procedere ab: Brief an Himmler, banges Warten, Himmlers Antwort.

Diesmal erfolgt sie mit einer knappen Randbemerkung: „Dachau".

Man merkt jedoch rasch, dass der Anbau der Pflanze schwieriger ist als gedacht.

Selbst im Treibhaus wächst sie zu langsam. Ein Import entfällt, denn auch wenn das Schweigrohr in Südamerika bestens gedeiht, ist eine Einfuhr in großem Maßstab mitten im Krieg undenkbar.

Pokorny bemüht sich, den Wirkstoff in heimischen Pflanzen nachzuweisen. Versuche, ihn künstlich herzustellen, schlagen fehl. Das Projekt ist und bleibt unfruchtbar (und das ganz ohne Röntgenbestrahlung!) und wird fallen gelassen.

Also besinnt man sich auf den allerersten Ansatz: die Methode Claubergs, der sich inzwischen durch seine Arbeiten über weibliche Hormone einen Namen gemacht hat. Für die Firma Schering-Kahlbaum arbeitet er an einem Medikament gegen Unfruchtbarkeit.

Sein Traum ist ein Forschungsinstitut speziell für Fortpflanzungsfragen, in dem er in beide Richtungen forschen kann, also einerseits Frauen zu Nachwuchs verhelfen und ... andere steril machen könnte! Finanziert wird seine Forschungsarbeit von der Pharmaindustrie. Bei der praktischen Umsetzung ist Himmler behilflich, indem er ihm Häftlinge aus dem Frauenlager Ravensbrück anbietet. Doch das ist zu weit weg und zu umständlich. Zunächst will er seine Experimente in seinem eigenen Krankenhaus durchführen, wo ja alles vorhanden ist, was er braucht. Im Mai 1941 hält er bei einer Konferenz vor den höchsten medizinischen Würdenträgern des Reichs einen brillanten Vortrag.

Reichsarzt SS Grawitz setzt sich bei Himmler ein, jedoch erfolglos. Clauberg bleibt hartnäckig. Im Jahr darauf unternimmt er den nächsten Vorstoß. Er trifft sich mit Himmler, der ihm endlich die Tore von Auschwitz öffnet.

Bei seinem ersten Besuch im Lager teilt Clauberg seine Forderungen mit, darunter die unverzichtbaren Arzneimittel der Firma ... Schering-Kahlbaum.

Im Dezember 1942 trifft Clauberg im Lager ein. Lagerkommandant Rudolf Höss versichert ihm sinngemäß, Auschwitz werde *den Menschen als Hochburg der Wissenschaft im Gedächtnis bleiben.*

Die Hochburg trägt die Nummer 10, denn in Block 10 darf der Frauenarzt versuchen, das Problem der „Fortpflanzung minderwertiger Rassen" endgültig zu lösen.

Block 10 ist strengstens abgeschirmt. Die Fenster sind mit Brettern vernagelt. Im Innern drängen sich 400 Frauen in zwei Räumen. Aus diesem „Pool" wählt Clauberg ebenso seine Versuchskaninchen aus wie Mengele und Wirths, der am Fließband operiert, um die Vorstadien des Gebärmutterhalskrebses zu erforschen.

Die Hälfte der Frauen ist jedoch für Clauberg reserviert. Er kann mit ihnen machen, was er will. Wann er will.

Stirbt eine von ihnen, wird sie durch eine andere ersetzt, die mit einem der vielen Transporte eintreffen. Wirths selektiert sie.

Die Versuchskaninchen ahnen nicht, was sie erwartet.

Man macht ihnen weis, es würde eine „künstliche Besamung" vorgenommen.

Sie fragen sich, was für ein Monstrum sie wohl zur Welt bringen werden.

In Wahrheit ist es kein Samen, den ihnen Clauberg direkt in die Gebärmutter spritzt, sondern eine weiße Flüssigkeit, die ihnen die Eileiter verkleben soll: Formalin. Er injiziert es unter Röntgenkontrolle mit einer großen Spritze, die wie ein Klistier aussieht. Die Substanz ruft furchtbare Verätzungen hervor. Die Frauen haben das Gefühl, als zerreiße es ihnen den Unterleib.

Eine Überlebende berichtet, die Frauen hätten das Gefühl gehabt, ihr Bauch würde platzen. *Am Schluss des Experiments stürzten alle auf die Latrinen und pressten die Flüssigkeit heraus, oft unter starken Blutungen und Schmerzen, die sich wie Wehen anfühlten.*

Monatelang landen hunderte Frauen auf Claubergs OP-Tisch. Das Experiment wird mehrmals wiederholt.

Die Frauen leiden. Viele sterben.

Clauberg ist unzufrieden. Er fordert immer mehr,

vor allem Ausrüstung. Er braucht weitere Röntgengeräte.

Er schreibt Himmler und erklärt, seine Methode sei „so gut wie fertig ausgearbeitet" und bedürfe lediglich einiger „Verfeinerungen". *Wenn die von mir durchgeführten Untersuchungen so weiter ausgehen wie bisher [...], so ist der Augenblick nicht mehr sehr fern, wo ich sagen kann, „von einem entsprechend eingeübten Arzt an einer entsprechend eingerichteten Stelle mit vielleicht 10 Mann Hilfspersonal [...] höchstwahrscheinlich mehrere hundert – wenn nicht gar 1000 – an einem Tag".*

Clauberg bekommt schließlich, was er fordert, und das ist längst nicht alles. Sein Traum geht in Erfüllung: Am 21. September 1944 präsentiert die *Krakauer Zeitung* mit bombastischen Worten seine nagelneuen Reproduktionszentren: *Unter der fachärztlichen Leitung des Gynäkologen Professor Dr. Clauberg, der seit Kriegsbeginn in Oberschlesien die Mütter- und Säuglingssterblichkeit bekämpft, werden 22 ansprechende Zentren 800 werdende Mütter während Niederkunft und Wochenbett betreuen.*

Im Januar 1945 steht die Rote Armee vor den Entbindungszentren. Clauberg gerät in russische Kriegsgefangenschaft und wird zu 25 Jahre Haft verurteilt, kommt aber mit Hilfe deutsch-sowjetischer Abkommen frei. Doch damit ist seine Geschichte nicht zu Ende. Knapp zehn Jahre später – 1955 – findet sich in einer Berliner Zeitung eine Stellenanzeige:

DRINGEND
Professor Dr. med. Carl Clauberg
Sucht
mehrere sehr gute Stenotypistinnen

die entweder arbeitslos sind (was unwahrscheinlich ist) oder vor allem abends über freie Zeit verfügen und bereit sind, zwei bis drei Stunden pro Tag für ihn zu arbeiten. Bitte melden Sie sich umgehend (9 bis 10 und 19 bis 20 Uhr, auch sonntags), Universitätsklinikum, Chirurgische Abteilung (Privatstation, Zimmer 1). Feste Anstellung der besten ist möglich. In diesem Fall müssten Sie bereit sein, den Professor bei voller Kostenübernahme im Auto innerhalb Deutschlands zu begleiten. [19]

Der Professor hält es nicht einmal für nötig, seinen Namen zu ändern! Das Verblüffendste ist, dass das Internationale Auschwitz-Komitee und die Deportiertenverbände große Mühe haben, ein Strafverfahren gegen ihn in Gang zu bringen, denn einflussreiche Freunde und Pharmafirmen wissen den Prozess zu verschleppen. Als man ihn 1955 endlich verhaftet, weist man ihn zunächst in die Psychiatrie ein, wo erst einmal geklärt wird, ob er zurechnungsfähig ist. 1957 schließlich beginnt der Prozess, aber zu spät: Clauberg wird tot in seiner Zelle aufgefunden. Damit ist der Fall für diesen Dr. Mabuse erledigt, doch seine Taten bleiben unaufgeklärt und seinen Opfer und ihren Nachkommen ist weder Gerechtigkeit noch Frieden vergönnt. Wie gelangte er zurück nach Deutschland? Warum wurde das Verfahren verschleppt? Starb er eines natürlichen Todes? Und welche Rolle spielten eigentlich die Pharmaunternehmen, mit denen er gemeinsame Sache machte und die ihm offensichtlich halfen – und ihn womöglich letztlich beseitigten (um zu verhindern, dass er redete)? All das sind Fragen, auf die wir vielleicht niemals Antworten bekommen.

13

„Sie war nicht böse."

Herta Oberheuser

Der Kopf zur Seite geneigt, das dünne Stimmchen geradezu zittrig. Die Frau, die im Nürnberger Ärzteprozess dem Vorsitzenden Richter Rede und Antwort steht, könnte einem fast schon leidtun.

Was hat die schmale Frau, die sich sichtlich unbehaglich fühlt, auf der Anklagebank zu suchen?

Herta Oberheuser versucht, sich zu verteidigen.

So gut sie kann.

Sie muss sich den Beschuldigungen derjenigen stellen, die sie den NS-Chirurgen in die Hände geliefert hat. Denn nicht alle „Kaninchen" sind den grauenhaften Behandlungen, die man ihnen aufgezwungen hat, erlegen. Einige Opfer sind da, um Zeugnis abzulegen: Wladislawa Karolewska, Maria Broel-Plater, Zophia Maczka – alles Frauen, denn Ravensbrück war überwiegend ein Frauenlager. Das jedoch ist die einzige Sonderbehandlung, die seine Insassen erhielten, denn ansonsten war das Lagerleben genauso grauenvoll wie anderswo: Es herrschte dort dasselbe Elend, dieselbe Brutalität, Bedrohung und Verzweiflung, dasselbe Grauen in den Gaskammern und im Krematorium, das in Ravensbrück seit April 1943 auf Hochtouren läuft.

Den Alltag in Ravensbrück, im Sumpfgebiet nördlich von Berlin, kennen wir wahrscheinlich besser als den in anderen Lagern. Das verdanken wir vor allem Germaine Tillion. Ab November 1938 erlebte sie dort als „Verfügbare" auf der niedrigsten Stufe der Lagerhierarchie die Hölle (*Le Verfügbar aux Enfers* ist der Titel einer Operette [!], die sie heimlich in Ravensbrück schrieb). Ich möchte kurz darauf eingehen, daran zu erinnern, was auch diejenigen durchlitten, die keine der grauenhaften Menschenversuche über sich ergehen lassen mussten.

Lassen wir uns von einer Leidensgenossin von Germaine Tillion erzählen, wie ein normaler Tag in Ravensbrück ablief:

Wecken im Sommer morgens um halb vier, im Winter um halb fünf, durch die Hule [Sirene]. Nach einer ruhelosen Nacht mussten wir aufstehen, uns rasch anziehen, das Bett vorschriftsgemäß machen – akkurat und glatt. Dann drängelten wir uns im Waschraum (mit rund 20 Waschbecken, Ausgüssen und runden Trögen für mehrere Hundert Frauen). Manche kamen in dem Gewühl gar nicht an die Reihe. Man musste sich entscheiden, ob man sich an den Waschbecken anstellte, um sich ohne Seife und Zahnbürste flüchtig zu waschen, oder an den Latrinen. Im Schnitt gab es zehn Klosetts für 1000 Frauen, die sie alle zur selben Zeit benutzen wollten, bevor der Appell begann. Das waren lange Bänke mit je zwanzig Löchern. Da konnte man sich mit allen möglichen Krankheiten anstecken, und es gab Ungeziefer. [...] Die Drängelei ging weiter, wenn der „Kaffee" ausgeteilt wurde: Jede erhielt einen Viertelliter Sud aus gerösteten Eicheln ohne Zucker, der

war bitter, aber nicht immer heiß. Man hat gar nicht die Zeit, alles zu erledigen, da heult die Sirene schon wieder und man muss zum Appell.
[...] Zweieinhalb Stunden im Stehen zu warten ist sehr schwer für diejenigen, die nach Monaten mit Schmerzen im Rücken, in den Füßen und Beinen aus den Zellen kamen. Für die, denen es ganz gut ging, war es blanker Terror, aber für alle, die geschwächt waren, an Durchfall litten oder geschwollene Beine hatten, die reinste Folter, auch wenn man es nicht so nannte. Für die Wachhunde war es eine Gelegenheit, hemmungslos herumzustolzieren. Die Appelle waren für viele Häftlinge der Tod, vor allem für die Älteren; fiel eine Frau um, hob sie niemand auf. Sie blieb da bis zum Schluss liegen oder wurde mit Stiefeltritten und Stockschlägen wieder auf die Beine getrieben. Das waren schreckliche Misshandlungen, aber man war machtlos.
[...] Nach dem Zählappell kam der Arbeitsappell, da wurden die Kolonnen eingeteilt, abgezählt und immer wieder durchgezählt. [...]
Die Häftlingskleidung besteht überwiegend aus Lumpen. Auf dem Rücken sind Kreuze aufgemalt, damit sie nicht zur Flucht taugen. Ein gestreiftes Kleid ist schon ein Privileg und wird geachtet, selbst von den Aufseherinnen: man „ist wer", die übrigen sind Subproletariat. Die Wäsche wird natürlich nicht mehr gewaschen oder desinfiziert. Die Brotrationen werden immer kleiner, es fehlen Decken. Die Reviere sind völlig überfüllt.[20]

Das Revier, theoretisch Krankenstation, dient meist eher als „Sterbestübchen". Jacqueline Fleury, Angehörige des geheimen Widerstandsnetzwerks Mithridate, erlebte das Revier in Ravensbrück so:

Als ich eines Tages schwer an der Ruhr erkrankte, die häufigste und entwürdigendste Krankheit im Lager, wurde ich mit hohem Fieber ins Revier geschickt. In der Baracke lagen wir zu dritt oder viert auf ein und demselben Strohsack. Wir versuchten, rechtzeitig zu den Aborten zu rennen ... aber das war gar nicht möglich, sodass wir buchstäblich im eigenen Dreck lagen. Außer ein wenig Aktivkohle bekamen wir keine Medikamente ...
Das Stöhnen, das Schluchzen, die Nacht!
In dieser dantesken Hölle war ich wirklich überzeugt, sterben zu müssen, ohne Hoffnung, jemals Frankreich wiederzusehen, an das ich so sehnsüchtig dachte.[21]

Das Stöhnen, das Schluchzen, die Nacht. Über allem wacht wie ein Zerberus Herta Oberheuser und injiziert mit verbissener Miene ein tödliches Gift, angeblich, weil sie den Todeskampf der Betroffenen erleichtern will, jedenfalls behauptet sie das im Prozess zu ihrer Verteidigung. Für die Betreuung Kranker setzt sich das deutsche Vorzeigemädel schon lange eifrig ein, das bezeugt ihr Lebensweg: 1911 in Köln geboren, 1931 Abitur, bis 1937 Medizinstudium. Dabei ist Herta kein Blaustrumpf: Schon 1935 tritt sie dem Bund Deutscher Mädel (BDM) bei, 1937 der NSDAP, schließlich dem NS-Ärztebund. Eine junge Frau, die mit der Zeit geht, eines der sportlichen deutschen Mädel, die man auf Archivbildern sieht, wie sie „Heil Hitler!" schreien, die Wangen von Sport und Begeisterung gerötet.

Die junge Herta arbeitet in Düsseldorf als Assistenzärztin und meldet sich dann auf eine Anzeige, die mit einer Hautarztstelle im „Frauen-Umschulungslager" Ravensbrück lockt. In der dreimonatigen Einarbeitungszeit bewährt sie sich glänzend.

Ende 1940 wird sie ins Lager selbst überstellt. Im Nürnberger Prozess erläutert sie: *Es war in Deutschland kaum möglich, als Frau in der Chirurgie anzukommen. Diese Gelegenheit hatte ich erst in dem Konzentrationslager Ravensbrück.* [22]

Demnach hätte sie aus Berufung und Feminismus an den grausigen Experimenten ihrer Kollegen Fischer und Gebhardt mitgewirkt. Diese beiden wiederum handelten aus Motiven, die mit Wissenschaft nicht das Geringste zu tun haben.

Am 27. Mai 1942 wird nämlich in Prag ein Attentat auf Reinhard Heydrich verübt, einen arisch blonden, talentierten jungen Mann, den Hitler vergöttert.

Von mehreren Splittern getroffen, stirbt Heydrich wenige Tage nach dem Anschlag, aber nicht an seinen Verletzungen, sondern an einer Blutvergiftung.

Hitler ist außer sich. Er bezichtigt die Chirurgen der Inkompetenz, darunter auch Himmlers Leibarzt Karl Gebhardt, den er umgehend an das Krankenbett seines Günstlings geschickt hatte. Seine eigenen Leibärzte Karl Brandt und Theodor Morell hatte der Führer dabei allerdings übergangen, und so flüstert ihm Morell zu, mit „seinem" Sulfonamid hätte man Heydrich retten können.

1942 verfügen die Deutschen noch über keine Antibiotika, mit denen man Infektionen bei Kriegsverwundungen wirksam verhüten oder behandeln könnte. Sulfonamide richten nur gegen bestimmte Keime etwas aus, denn nicht alle Bakterien reagieren darauf.

Auch die Amerikaner führen stets Sulfonamide bei sich, obwohl sie nur begrenzt wirksam sind und den Tod unzähliger Verwundeter nicht verhindern können. Doch seit kurzem können die Alliierten das von Fleming in den 1920er-Jahren entdeckte Penicillin als Antibiotikum nutzen.

Sie machen sich ein Vergnügen daraus, diese Errungenschaft den deutschen Behörden mit Hilfe von Flugblättern unter die Nase zu reiben.

Die deutsche Propaganda stellt unverzüglich den Wahrheitsgehalt der Information in Frage und bezweifelt die Wirksamkeit von Flemings Entdeckung. Doch die Neuigkeit macht die Runde und ist schlecht für die Moral der Truppe.

Deshalb will Hitler unbedingt wissen, ob sein Arzt die Wahrheit sagt und ob Sulfonamide wirken. Wutschnaubend bestellt er Gebhardt ein.

Der hat allen Grund zu bösen Vorahnungen. Dass der Führer ihn antanzen lässt, aber im letzten Moment beschließt, ihn doch nicht zu empfangen, ist eine schallende Ohrfeige, auch wenn er dadurch erst einmal verschont bleibt. Nun aber muss er alles tun, um wieder Gnade vor den Augen seines Herrn zu finden.

Dabei ist Gebhardt nicht irgendwer.

Seit 1933 ist er Himmlers Leibarzt, außerdem Präsident des Deutschen Roten Kreuzes. 1936 leitete er das Ärzteteam bei den Olympischen Spielen in Berlin. Mit dem Pathos, das die Nazis so meisterhaft beherrschen, darf er sich „beratender Chirurg der Waffen-SS" nennen. Anders gesagt: Der Halbgott in Weiß mit den vielen hochtrabenden Titeln lässt es sich nicht bieten, dass jemand seine Kompetenz anzweifelt.

Er ist überzeugt, dass auch Sulfonamide an Heydrichs Schicksal nichts geändert hätten.

Überzeugt, dass die Chirurgen gute Arbeit geleistet haben.

Überzeugt, dass der „andere" Arzt Hitlers davon keinen blassen Schimmer hat.

Trotzdem verzieht er keine Miene, als Himmler ihm befiehlt, Versuche zur Wirksamkeit dieser Medikamente durchzuführen, denn er erkennt die gute Gelegenheit, sich zu rehabilitieren, ganz gleich, wie die Ergebnisse ausfallen … vor allem, falls die Sulfonamide sich als unwirksam erweisen sollten. Wie aber findet man heraus, ob ein Arzneimittel bei offenen Wunden oder Knochenbrüchen auf dem Schlachtfeld einen Gasbrand verhütet?

Der pragmatische Arzt sieht nur eine Lösung: Man erzeugt solche Wunden künstlich und infiziert sie mit Bakterien. Anschließend behandelt man einen Teil der Verwundeten mit Sulfonamiden, die Kontrollgruppe nicht. Dann brauchen die „Wissenschaftler" nur noch zu verfolgen, wie es mit ihren Versuchskaninchen in Ravensbrück weitergeht …

Herta Oberheuser wäre gern Chirurgin geworden. Nun schafft sie den Sprung in den OP, indem sie den Herren assistiert.

Auf ihre Anweisung selektiert und anästhesiert sie. Gebhardt ist begeistert. Im Nürnberger Ärzteprozess urteilt er über seinen damaligen Schützling, sie habe sich stets edelmütig und mit viel Güte um die Kranken gekümmert; das sei ihm besonders beim Verbandswechsel aufgefallen.

Man liest dies mit einer Mischung aus Wut und Ekel, wenn man weiß, wie die Wunden entstanden, die Herta verband, denn die „Eingriffe" übersteigen jedes Vorstellungsvermögen.

Mit dem Hammer werden die Beinknochen zertrümmert, dann die Wunden mit Staphylokokken und Streptokokken infiziert; man legt Holzsplitter, Glasscherben hinein – alles, was den Höllenärzten in die Hände kommt.

Mehrere Zentimeter lange Stücke sägen sie aus den langen Röhrenknochen der Beine heraus und überlassen alles weitere ... der Natur. Manchmal helfen sie mit Metallplatten nach.

Sinn und Zweck des Ganzen? Sie testen Arzneimittel. Beobachten, ob sich ein Knochen ohne Knochenhaut (Periost) regenerieren kann.

Für die „Kaninchen" gibt es kein Morphium, nur Schmerzen, entsetzliche Schmerzen, die kein Ende nehmen, denn kaum sind die Wunden vernarbt, schickt man sie wieder ins Revier und operiert sie ein zweites, drittes, sechstes Mal.

Eines der Opfer erzählt von dem Grauen, das sie und ihre Kameradinnen erlebten:

Am gleichen Tage wurden 10 [...] Mädchen ins Krankenhaus geschafft [...]. 6 kamen zum Block zurück, nachdem sie eine [...] Einspritzung erhalten haben [...]. Am 1. August wurden diese 6 Mädchen [...] im Krankenhaus zurückgehalten. [...] Einige Tage später gelang es einer meiner Kameradinnen, [...] von einer der Gefangenen zu erfahren, dass alle im Bett lägen und ihre Beine in Gips wären. Am 14. August [...] wurde ich ins Krankenhaus gerufen [...]. Außer mir waren noch 8 andere Mädchen [dort]. [...] [Wir] wurden zu Bett gebracht und das Krankenzimmer wurde abgeschlossen. [...] Eine deutsche Krankenschwester [...] verabreichte mir eine Einspritzung in mein Bein [...] und man schaffte mich in den Operationsraum. Dort gaben mir Dr. Schiedlausky und Dr. Rosenthal eine 2. intravenöse Armeinspritzung. Kurz zuvor sah ich Dr. Fischer den Operationssaal verlassen. Er hatte Operationshandschuhe an.

Dann wurde ich bewusstlos, und als ich wieder erwachte, bemerkte ich, [...] dass sich mein Bein vom Fußknöchel bis zum Knie in Gips befand. Die Schmerzen im Fuße waren sehr stark und ich hatte hohes Fieber. [...] Am nächsten Tag bemerkte ich, dass aus meinem Bein eine Flüssigkeit floss.

Am 3. Tag wurde ich [...] ins Verbandszimmer gebracht. [...] Eine Decke wurde über meine Augen gestülpt [...], aber ich fühlte große Schmerzen und hatte den Eindruck, dass aus meinem Bein etwas herausgeschnitten wurde. [...] 3 Tage später wurde ich wieder ins Verbandszimmer gebracht. Der Verband wurde [...] gewechselt [...]. Die nächsten Verbände wurden durch Lagerärzte angelegt. 2 Wochen später [...] sah ich zum ersten Mal mein Bein wieder. Der Einschnitt war so tief, dass ich den Knochen selbst sehen konnte. Man sagte uns dann, dass ein Arzt aus Hohenlychen, Dr. Gebhardt, käme, um uns zu examinieren. [...] Am 8. September wurde ich in den Block zurückgeschickt. Ich konnte nicht gehen. Der Eiter floss von meinem Bein [...]. Dann wurde ich wieder ins Kran-

kenhaus gerufen [...]. Wieder verbrachte man uns ins Bett.

Am gleichen Tage [...] wurde [...] die zweite Operation [...] an meinem Bein vollzogen. Die Symptome waren die gleichen. Das Bein war geschwollen und es eiterte. [...]

Dr. Oberheuser befahl uns, [...] ins Verbandszimmer zu kommen. [...] Da wir nicht laufen konnten, mussten wir auf einem Bein zum Operationssaal hüpfen. [...] Dr. Oberheuser ließ nicht zu, dass uns jemand half.

Viele der Opfer erliegen letztlich dem Tetanus, Gasbrand, einer Sepsis und Blutungen. Die Überlebenden werden erschossen oder mit Injektionen getötet. Diejenigen, die Dr. Oberheusers Selektionen entgehen, plagen dafür Schuldgefühle.

Die Lagerärztin wählt die Opfer aus, aber auch ihre Lieblinge. Nicht jede hat das Glück, der zierlichen Frau mit den harten Zügen genehm zu sein.

Nach welchen Kriterien sie ihre Günstlinge auswählt, weiß man nicht genau. Einige privilegierte Häftlinge behandelt sie gut. Wer ihr nicht passt – und das sind die meisten –, den traktiert sie mitleidslos mit Ohrfeigen, Schlägen und Demütigungen.

Um mehr Autorität zu haben, steigt sie mit ihren 1,68 Metern bei den Selektionen im Revier auf einen Tisch und lässt die Frauen vorbeidefilieren.

Ob jemand arbeitsfähig ist oder nicht, kann selbst bei flüchtiger Untersuchung jeder Arzt anhand von Gesicht, Teint, Augen, Atmung oder Magerkeit feststellen.

Fräulein Oberheuser schaut vor allem auf die Beine. Mit der Schuhspitze lüpft sie Rocksäume, lässt die Frauen manchmal mit gerafften Röcken vor sich vorbeiziehen. Eine der Frauen sagt im Nürnberger Prozess aus: „Sie war nicht böse." Was war sie dann? Ich glaube, nicht nur Männer können Rohlinge sein. Herta Oberheuser war ein Rohling – begierig darauf, es ihren monströsen Vorgesetzten mit den verfügbaren Mitteln gleichzutun.

Herta begnügt sich nicht mit ihrer Rolle im Operationsblock, sondern hat auch keine Skrupel, die Schwerkranken, oder besser gesagt, die Bettlägerigen „abzuspritzen".

Vor Gericht erklärte die gute Seele dreist, sie habe lediglich Sterbehilfe geleistet, um Leid zu lindern. Syphilis im Endstadium, Darmkrebs ...

Sie habe es einfach „nicht ertragen können", diese armen Frauen leiden zu sehen.

Als „Sterbeerleichterung" gab sie ihnen Injektionen, jedoch kein Betäubungsmittel, sondern 10 cm^3 Benzin in die Armvene.

Die Patienten bäumten sich auf, dann brachen sie plötzlich zusammen. Es dauerte zwischen drei und fünf Minuten von der Einführung der Spritze bis zum Tode. Bis zum letzten Augenblick waren die Patienten bei vollem Bewusstsein.

Vielleicht wegen ihrer untergeordneten Funktion oder weil sie offiziell keine Entscheidungsbefugnis besaß, wird Herta Oberhauser in Nürnberg nur zu 20 Jahren Haft verurteilt, das Strafmaß jedoch kurz darauf herabgesetzt. Schon 1952 wird sie aus dem Zuchthaus Landsberg entlassen. Die treue Dienerin des Führers lässt sich als Kinderärztin in der norddeutschen Kleinstadt Stocksee nieder. Einige Jahre lang putzt sie unbehelligt Kindernasen, wiegt Babys, impft und berät. 1956 wird sie von ehemaligen Häftlingen aus Ravensbrück erkannt und angezeigt, doch erst als der Innenminister von Schleswig-Holstein sich einschaltet, entzieht man ihr im August 1958 die Approbation. Entschlossen, sich nicht unterkriegen zu lassen, ficht sie das Berufsverbot an und gibt sich erst am 28. April 1961 geschlagen. Heute erscheint uns das unerhört, aber damals? Steht dahinter Versöhnung, Vergebung oder etwas weitaus Bedenklicheres?

Alles, was ich weiß, ist, dass Herta Oberheuser gleich nach dem Verfahren eine Anstellung in den Bodelschwinghschen Anstalten bekommt und am 24. Januar 1978 in einem Altenheim in Linz am Rhein stirbt.

14

Erfolg oder Tod

Erwin Ding-Schuler

Befreiung. Nach all der Zeit bleibt nur noch die Macht dieses Wortes, die Freude, von der es erzählt, vom unverhofften Frühling, in dem der Zweite Weltkrieg endet. In Schwarzweiß und manchmal schon in Farbe bringen Filme uns auf den Boden der Tatsachen zurück, alptraumhafter Tatsachen. Das vor Kriegsende größte Konzentrationslager in Deutschland, Buchenwald, wird im April 1945 von amerikanischen Truppen befreit. Was Patton und seine Männer dort entdecken, ist so abscheulich, dass der General die Einwohner des nahe gelegenen Weimar – immerhin Namensgeber der Weimarer Republik – holen lässt, damit sie mit eigenen Augen sehen, was sich wenige Kilometer von ihrer Stadt entfernt abgespielt hat.

Die Kamera filmt eine Prozession müder Honoratioren, meist Paare Arm in Arm, die feierlich einherschreiten, als gingen sie zum Wählen. Viele Frauen tragen Kopftücher, die Männer Dreiteiler. Sie nähern sich verlegen, niedergeschlagen, mit gesenktem Kopf – wegen der Niederlage und der Erschöpfung, aber auch, um so lange wie möglich das Schauspiel nicht sehen zu müssen, das ihnen während des Krieges verborgen war. Die Kamera nähert sich, zeigt sie zwischen den Stapeln gelblicher, ausgezehrter Leichen, die man wie Abfall auf Haufen geworfen hat. Es sind nur einige wenige der über 56 000 Menschen, die in Buchenwald ihr Leben verloren. Die Frauen vergraben ihr Gesicht in Taschentüchern, um ihre Tränen und ihren Ekel zu verbergen, die Männer senken den Blick vor Entsetzen und Scham. Dabei wissen sie noch nicht einmal, dass man direkt vor ihrer Haustür, vor den Toren der Stadt Goethes und Schillers, Lampenschirme aus Menschenhaut und Seife aus menschlichen Knochen hergestellt hat.

Vor ihnen mussten US-Soldaten diese makabre Entdeckung verkraften. In einer Reportage von April 1945, wenige Tage nach der Befreiung des Lagers, sprach der Journalist und Kriegsberichterstatter Edward R. Murrow im Radio zum amerikanischen Volk. Hier ein Auszug aus seiner berühmten Reportage:

Ringsum stieg ein grässlicher Gestank auf. Männer und Knaben streckten die Arme aus, um mich anzufassen. Sie trugen Lumpen und Uniformreste. Viele waren schon vom Tod gezeichnet, aber ihre Augen strahlten. Ich schaute über ihre Köpfe hinweg auf die fruchtbaren Felder ringsum, wo gut genährte Deutsche beim Pflügen waren.

[…] Ich ließ mir eine der Baracken zeigen. Sie war zufällig von Tschechen bewohnt. Als ich eintrat, umringten mich die Männer und versuchten, mich auf ihre Schultern zu heben. Sie waren zu schwach. Viele konnten nicht aus dem Bett aufstehen. Sie erzählten mir, das Gebäude sei

einst ein Stall für 80 Pferde gewesen. Nun waren 1200 Männer darin untergebracht, jeweils zu fünft auf einer Pritsche. Der Gestank war unbeschreiblich.

[...] Sie riefen den [zuständigen] Arzt. Wir sahen uns seine Aufzeichnungen an. In seinem kleinen schwarzen Buch standen nur Namen, sonst nichts. Nichts darüber, wer hier gewesen war, was er getan oder gehofft hatte. Hinter den Namen der Verstorbenen stand ein Kreuz. Ich habe sie gezählt. Es waren insgesamt 242–242 von 1200 in einem Monat.

[...] Als wir wieder in den Hof traten, fiel ein Mann tot um. Zwei andere, die über 60 gewesen sein müssen, krochen zur Latrine. Ich habe die Latrine gesehen, aber ich werde sie nicht beschreiben.

In einem anderen Teil des Lagers zeigte man mir Kinder, hunderte von ihnen. Einige waren erst sechs. Eines rollte seinen Ärmel hoch und zeigte mir seine Nummer. Sie war in seinen Arm eintätowiert. B-6030 lautete sie. Auch die anderen zeigten mir ihre Nummern. Sie werden sie bis an ihr Lebensende tragen. Ein älterer Mann neben mir sagte: „Die Kinder sind Staatsfeinde!" Durch die dünnen Hemden konnte ich ihre Rippen zählen.

[...] Wir gingen auf die Krankenstation. Sie war brechend voll. Der Arzt erzählte mir, 200 seien am Tag zuvor gestorben. Ich fragte nach der Todesursache. Er zuckte die Achseln und sagte: „Tuberkulose, Hunger, Erschöpfung. Viele haben einfach keinen Lebenswillen mehr. Es ist sehr schwierig." Er zog eine Decke von den Füßen eines Mannes und zeigte mir, wie dick geschwollen sie waren. Der Mann war tot. Die meisten Patienten konnten sich nicht bewegen.

[...] Ich ließ mir die Küche zeigen. Sie war sauber. Der

Deutsche, der sie leitete, war Kommunist gewesen. Er war seit neun Jahren in Buchenwald. Er hatte ein Foto von seiner Tochter in Hamburg. Er hatte sie seit fast zwölf Jahren nicht mehr gesehen. Er bat mich, sie zu besuchen, falls ich nach Hamburg käme. Er zeigte mir die täglichen Rationen. Eine daumendicke Scheibe Graubrot, darauf eine Portion Margarine, so dick wie drei Streifen Kaugummi. Neben ein wenig Eintopf war das alles, was sie in 24 Stunden bekamen. An der Wand hing eine Übersichtstabelle. Sie sah sehr kompliziert aus. Kleine rote Fähnchen waren kreuz und quer darauf verteilt. Er sagte, sie stünden jeweils für 10 Verstorbene. Er musste die Rationen zuteilen und fügte hinzu: „Wir arbeiten hier sehr effizient."

[...] Wir betraten einen kleinen Hof. Die Mauer war ungefähr acht Fuß hoch und grenzte an ein Gebäude, das ein Stall oder eine Garage gewesen war. Wir traten ein. Der Boden bestand aus Beton. Darauf lagen in zwei Reihen Leichen, aufgestapelt wie Holzscheite. Sie waren mager und ganz weiß. Manche wiesen riesige Blutergüsse auf, obwohl sie kaum genug Fleisch auf den Knochen hatten, um blaue Flecken zu bekommen. Einige hatten einen Kopfschuss erlitten, aber nur wenig geblutet. Bis auf zwei waren alle nackt.

Ich versuchte, sie zu zählen, so gut ich konnte, und kam zu dem Schluss, dass die beiden Stapel die sterblichen Überreste von über 500 Männern und Knaben enthielten. Außerdem stand da ein Anhänger mit noch einmal bestimmt 50 Leichen, aber es war unmöglich, sie zu zählen. Die Kleidung war an der Wand aufgehäuft. Die meisten der Toten waren offensichtlich gar nicht hingerichtet worden, sondern einfach verhungert.

Allerdings erschien mir die Todesart unwichtig. In Buchenwald wurde gemordet. Gott allein weiß, wie viele Männer und Knaben in den letzten zwölf Jahren dort gestorben sind. Am Donnerstag sagte man mir, es seien noch über 20 000 Mann im Lager. Vorher waren es bis zu 60 000 gewesen. Wo waren die übrigen jetzt?

[...] Bitte glauben Sie mir, was ich Ihnen über Buchenwald berichtet habe. Ich habe geschildert, was ich gesehen und gehört habe, aber nur einen Teil davon. Für das meiste fehlen mir die Worte.

[...] Falls ich Sie mit dieser eher zurückhaltenden Darstellung von Buchenwald verstört habe, tut es mir nicht im Geringsten leid.

Sogar General Patton, der gewiss schon eine Menge gesehen hatte, war ebenso entsetzt wie die US-Soldaten, die das Lager bewachen sollten, und die Weimarer Honoratioren. Schauen wir uns auf Archivbildern an, wie es weiterging. Wie auf einem Flohmarkt stehen auf einem Tisch runde und eckige Glasbehälter, darin Organe, in Formalin eingelegt. Man erkennt Lungen, Herzen, einen halbierten Kopf. Ich habe sie auf der Website des United States Holocaust Memorial Museums gesehen. Es hat eine Reihe Videofilme von ein, zwei Minuten Länge ins Netz gestellt. Länger als ein, zwei Minuten kann man diese Bilder auch kaum aushalten, und selbst ich als Arzt war erleichtert, dass es Stummfilme sind, so verstörend sind Dinge wie der Schrumpfkopf (eine der „Spezialitäten" von Buchenwald). Wie winzig, wie abstoßend, wie hoffnungslos wirkt er in den Händen des GIs, der ihn vor laufender Kamera langsam um die eigene Achse dreht.

Doch das Panoptikum des Grauens ist damit nicht zu Ende. Wir blicken in Block 46, unweit des Hygieneinstituts der Waffen-SS, in dem die Fleckfieberversuche von Buchenwald stattfanden. Wie so oft in NS-Konzentrationslagern wurde auch diese Baracke von den Häftlingen eigenhändig errichtet und mit Stacheldraht eingezäunt. Der kleine eingeschossige „Isolierblock" war vollständig abgeschirmt. Fenster und Türen blieben rund um die Uhr geschlossen, und außer dem Lagerpersonal kam niemand auf eigenen Füßen wieder heraus. Wer einmal dort eingesperrt war, blieb dort und wurde zu keinem Appell mehr gerufen. Im Innern herrschte Grabesstille, denn Unterhaltungen waren verboten. Schon beim geringsten Flüstern wurde mit drakonischen Strafen ein Exempel statuiert.

Beim Betreten von Block 46 verwandeln sich die Häftlinge in Versuchskaninchen: Ihre Häftlingsnummer wird durch einen neuen Code abgelöst, der nach ihrem Tod in den Versuchsprotokollen steht. Die noch Lebenden sind bereits Phantome, von den Nazis verschlungen, auf dem Altar der Pseudowissenschaft geopfert. Ihr Henker ist ein schüchterner, linkisch wirkender junger Arzt von etwa 30 Jahren namens Dr. Erwin Ding. Doch das ist nur seine Fassade. Der vermeintlich empfindsame Mann gilt als mittelmäßig, überheblich, ehrgeizig. Ein psychologisches Gutachten charakterisiert ihn als „leicht beeinflussbar, verlogen, nachtragend und renitent". Ding wird 1912 in

Bitterfeld unehelich geboren, trägt bis 1944 den Namen seines Adoptivvaters Heinrich Ding und nennt sich dann nach seinem leiblichen Vater Schuler. Er tritt der Waffen-SS bei und wird der Division „Totenkopf" zugeteilt. Der ungeschickte Arzt (der sich später versehentlich selbst mit Fleckfieber infiziert) kommt zunächst nach Buchenwald, später nach Dachau, dann nach einem dreimonatigen Aufenthalt am Institut Pasteur in Paris erneut nach Buchenwald.

Was für Experimente werden denn nun an den Häftlingen in Block 46 vorgenommen? Angesichts des gegen jede ärztliche Ethik verstoßenden Prüfplans müsste man eigentlich „verübt" sagen ... Der damit betraute Dr. Ding jedenfalls hätte erklärt, es gehe um Versuche mit neuen Impfstoffen gegen Fleckfieber. Die ansteckende Krankheit wütet seit 1941 im deutschen Heer, vor allem an der Ostfront, wo keine regelmäßige Entlausung mehr möglich ist. Im Winter 1941 werden über 10 000 Fälle gemeldet, das heißt, fast 1300 Soldaten fallen für den Heldentod aus. Man könnte sie impfen, aber dafür reicht der Impfstoff nicht, denn seine Herstellung kostet viel Zeit und Geld. Angesichts der kriegsbedingten Lebensmittelknappheit bis hin zur Hungersnot ist die Massenproduktion von Impfstoff aus Eigelb unvorstellbar (neben Kaninchenlungen und Läusedärmen eine der drei verfügbaren Methoden).

Unweit von Block 46 baut man Block 50 und richtet darin ein schickes Labor ein. Es verfügt über modernste Technik und sogar eine eigene Bibliothek, zusammengestellt aus den Beständen der ehrwürdigen

Universität Jena. Aufgabe dieses Labors mit dem zynischen Namen „Hygieneinstitut der Waffen-SS" ist die Massenproduktion eines Wunder-Impfstoffs – einer „Zauberkugel", die Keime abtötet, ohne den Organismus zu schädigen, wie Ding in einem seiner vielen Berichte schreibt. Während sich Block 50 also abmüht, deutschen Soldaten das Leben zu retten (was sich als Flop herausstellt, da der Impfstoff von den Häftlingen, die ihn herstellen, absichtlich oder unabsichtlich zu stark verdünnt wird und fast wirkungslos ist), ähnelt Block 46 mehr und mehr einem Sterbehaus. Das heißt im Umkehrschluss, dass man bei der Verbreitung der Krankheit rasante „Fortschritte" macht, vor allem dank Dr. Dings Hartnäckigkeit und Erfolg bei ihrer Übertragung. Wie man den Fleckfiebererreger virulenter macht und seine Vermehrung beschleunigt, weiß er ganz genau. Nach Aussage seines Arztschreibers Eugen Kogon im Nürnberger Ärzteprozess geht das so:

Ein Kurier brachte die Läuse in Block 46. Die Häftlinge wurden nackt dorthin geschickt, mussten sich setzen und wurden angekettet. Mit Gummiband befestigte man an ihren Beinen die Dosen mit den Läusen und beließ sie dort 20 Minuten. Man injizierte auch Fleckfiebererreger in die Arme. Kogon sah selbst, wie diese Injektionen vorgenommen wurden. Die Läuse stammten aus Krakau. […] Während Kogons Zeit in Block 46 sah er etwa 20 Männer sterben. [23]

Die möglichst effiziente Verbreitung der Krankheit durch direkte Einspritzung oder Begünstigung der Übertragung von Mensch zu Mensch ist nur die erste

„Etappe" in Dr. Dings Prüfplan. Normalerweise übertragen Ratten und Mäuse den bakteriellen Erreger auf Menschen, oft sind es auch Läuse und Zecken. Deshalb war die Krankheit früher besonders unter Soldaten gefürchtet, sie ist es sogar heute noch unter Häftlingen. Zu den Symptomen gehören hohes Fieber mit Verwirrtheit und schließlich einer auffallenden Bewusstseinstrübung. Genau das passiert auch den Insassen von Block 46. Zu Dutzenden verkriechen sie sich zum Sterben, liegen teilnahmslos da, bis der Todeskampf eintritt. Doch in diesem Stadium interessieren sie Dr. Ding nicht mehr. Der griechische Historiker Thukydides beschrieb die Seuche als Erster: Den von ihm geschilderten Symptomen nach zu urteilen, wurde Athen zur Zeit des Perikles, der selbst daran starb, vom Fleckfieber heimgesucht. Meist verläuft die Krankheit tödlich, außer sie wird frühzeitig mit Antibiotika behandelt. Im Zweiten Weltkrieg wie in allen bewaffneten Konflikten davor wütet die Seuche unter den Frontsoldaten, aber auch in den Konzentrationslagern. Bei einem massiven Fleckfieberausbruch in Auschwitz-Birkenau ordnet die Lagerleitung im August 1942 (nicht zuletzt aus Angst, selbst angesteckt zu werden) eine „Selektion" an und lässt in einer einzigen Nacht die Hälfte der Lagerinsassen beseitigen – mehr als 10 000 Menschen. Charles Nicolle vom Institut Pasteur in Tunis hatte schon 1909 Kleiderläuse als Überträger des Fleckfiebers identifiziert. Dank dieser Entdeckung gelang es ihm, den Erreger zu isolieren und einen Impfstoff zu entwickeln. Nicolle erhielt dafür 1928 den Nobelpreis für Physiologie oder Medizin, doch sein Impfstoff lässt sich 1942 noch nicht in großen Mengen herstellen.

1930 hatte man eine weitere Methode entwickelt, doch in den 1940er-Jahren war die Herstellung des Impfstoffs noch gefährlich. Allzu leicht konnten die Wissenschaftler sich selbst infizieren.

Erst durch die Impfstofferzeugung mit Hilfe angebrüteter Hühnereier war eine Massenproduktion ab Ende der 1930er-Jahre möglich.

Zur Zeit der Experimente von Dr. Ding sind noch kaum Antibiotika verfügbar, und auch die Serienherstellung des Impfstoffs nach der Weigl-Methode ist noch zu kostspielig. Man hofft deshalb auf die von Cox, Haagen und Gildemeister entwickelten Impfstoffe, die in großem Umfang hergestellt werden könnten, aber noch nicht erprobt sind.

1941, wenige Monate nach dem Beginn des katastrophal endenden Russlandfeldzugs, setzen sich die Koryphäen aus Zivil- und Wehrmedizin, Laboratorien und Industrie zusammen und diskutieren über einen Ausweg aus dem Dilemma. Da die Wehrmacht die Impfstoffproduktion nicht allein leisten kann, lädt Reichsärzteführer Leonardo Conti, die Herren Reiter, Gildemeister, Mrugowsky, Scholz – allesamt Forscher oder Mediziner – sowie einige Vertreter der Pharmaindustrie zu einer Konferenz am 29. Dezember 1941 ein. Um die Sache zu beschleunigen, beschließen die Experten, die Impfstoffe unmittelbar am Menschen testen zu lassen, denn die Zeit drängt. Dass die Soldaten an der Front wie die Fliegen sterben, ist schlimm genug, aber obendrein weigern sich einige schon, ohne vorherige Impfung ins Feld zu ziehen. Mehr brauchen die Herren nicht als Rechtfertigung für Menschenversuche. Die beiden Lager, die sie auswählen, sind Natzweiler und Buchenwald.

Dr. Ding arbeitet schon seit 1939 in Buchenwald, hat jedoch im Gegensatz zu Mengele oder Rascher nicht selbst Experimente angeregt. Er führt sie zwar nicht leidenschaftlich, aber sorgfältig durch. Penibel schreibt er ein Labortagebuch, das Eugen Kogon kurz vor der Befreiung des Lagers vor der Vernichtung rettet. Im Nürnberger Ärzteprozess erweist sich dieses Dokument als unschätzbare Quelle. Es bezeugt nicht nur, wie Dings Experimente abliefen, sondern auch, wie er zu seiner Aufgabe stand, die jedem, der den Hippokratischen Eid geschworen hat, eigentlich zutiefst widerstreben müsste: Patienten absichtlich zu infizieren. Ein Tagebucheintrag von 1943 zeigt deutlich, dass Dings oberstes Ziel nicht die Behandlung, sondern die Ansteckung war:[24]

Um eine sichere Ansteckungsmethode zu ermitteln, wurde das Blut von Fleckfieberkranken verwendet. Die Infektion erfolgte folgendermaßen: Vorversuche C: drei Versuchspersonen erhielten jeweils 2 ccm frisches Vollblut intravenös, zwei VP jeweils 2 ccm frisches Vollblut intramuskulär, zwei VP jeweils 2 ccm Vollblut subkutan, zwei VP erhielten Hautritzungen; zwei VP wurden mit einem Skalpell für intrakutane Impfungen infiziert.

Die i.v. infizierten Versuchspersonen erkrankten schwer an Fleckfieber und starben an Kreislaufversagen. Die übrigen VP klagten über leichtere Beschwerden, ohne in der Station zu erkranken.

Ein paar Zeilen weiter schließt er daraus:
Folglich besteht die sicherste Methode der Fleckfieberübertragung auf Menschen in der intravenösen Injektion von 2 ccm Fleckfieberkranken-Frischblut.
Dr. Ding, SS-Sturmbannführer.
Die Feststellung, dass man einen Menschen am schnellsten mit Fleckfieber umbringen kann, indem man es direkt in das Blut eines Erkrankten injiziert, und die Festlegung der dazu erforderlichen Dosis – das sind die ganzen Forschungsergebnisse des Dr. Ding!

Seite für Seite, Bericht für Bericht kommt das Labortagebuch immer wieder zu denselben Schlussfolgerungen. Der kalte, trockene Stil macht es umso bestürzender:

5 Todesfälle, 3 aus der Kontrollgruppe, 1 mit Behring normal und 1 mit Behring stark geimpft; alle VP sehr stark an Fleckfieber erkrankt; Kurvenblätter und Krankengeschichten fertiggestellt und nach Berlin übersandt. Vier Todesfälle in der Kontrollgruppe.

Zur Kontrollgruppe gehören auch die Pechvögel, die zwangsweise infiziert werden. Ihre Qualen finden keine Gnade vor Dr. Ding, der nicht fähig oder nicht willens ist, sie zu behandeln, aber auch nicht vor der versammelten Expertenriege aus staatlichen Stellen und Pharmaindustrie. Auch das ist eine Besonderheit dieser Experimente: Sie sind nicht das Werk Einzelner, sondern des ganzen Systems, der Autoritäten des Reichs-Gesundheitswesens. Einige von ihnen rechtfertigen sich später in Nürnberg, sie hätten unter Zwang und aus Angst vor Repressalien so gehandelt, etwa

Professor Dr. Rose vom Robert-Koch-Institut, der sich anfangs gegen Menschenversuche in Buchenwald aussprach, auf die medizinische Ethik verwies und betonte, diese Experimente würden keine anderen Ergebnisse liefern als Tierversuche. Letztlich machte er doch mit, indem er die Impfstoffe beschaffte. Bezeichnenderweise handelte es sich zudem um einen der wenigen Fälle, in denen Himmler nicht die Initiative zu ergreifen brauchte. Eugen Kogon sah laut seiner Zeugenaussage mit eigenen Augen im Block 46 die Professoren Mrugowsky, Rose und Gildemeister, die auch 1941 an der Konferenz teilgenommen hatten. Ding selbst behauptete, Hitlers Leibarzt Dr. Brandt habe ihn besucht. Bei einem dieser hochkarätigen Treffen schafft es Dr. Ding im Januar 1942, sich durch Unachtsamkeit selbst mit Fleckfieber zu infizieren. Er wird damit höchstpersönlich zu einem seiner ersten Opfer, kann die Erkrankung jedoch – im Gegensatz zu den Allermeisten seiner Versuchspersonen – in einem Berliner Krankenhaus auskurieren.

Was sein Stationstagebuch als „Laborzwischenfall" vermerkt, beschert ihm unbeabsichtigt eine Immunität gegen Fleckfieber. Dennoch scheut sich Dr. Ding, Block 46 auch nur zu betreten. Doch das macht nichts, denn er kann auf seine beiden treuen Helfer vertrauen. Erst mit ihnen ist das Trio infernal komplett.

Der zweite im Bunde – in der Rolle des Halunken – ist Dr. Waldemar Hoven, Chefarzt des Krankenhauses der Waffen-SS in Weimar und SS-Hauptsturmführer, der Ding während seiner Krankheit und Rekonvaleszenz vertritt. Schon Hovens Gesicht verrät sein Strebertum und seine Skrupellosigkeit. Seinen Doktortitel verdankt er zwei Deportierten namens Sitte und Wegerer, die im Konzentrationslager für ihn eine brillante Doktorarbeit über Tuberkulose schreiben. Für die Disputation lernte Hoven den Text angeblich auswendig. Auf jeden Fall promoviert ihn die Universität Freiburg *summa cum laude* zum Dr. med. 1939 tritt er eine Stelle in Buchenwald an, organisiert dort den Schwarzmarkt mit Alkoholika und Schmuck, bis er schließlich von der SS-Lageraufsicht verhaftet wird. Der schicke Doktor hat eine Affäre mit Ilse Koch, die bei den Lagerinsassen „die Kommandeuse" heißt und Augenzeugenberichten zufolge ihrem Ruf als „Hexe von Buchenwald" mehr als gerecht wird. Auf das Konto der Frau des ersten Lagerkommandanten von Buchenwald, Karl Koch, gehen unzählige Grausamkeiten. Auf ihr Drängen entstehen die berüchtigten Lampenschirme aus Menschenhaut. Sie wählt offenbar höchstpersönlich Häftlinge mit interessanten Tätowierungen aus, die ihre Lampenschirme schmücken sollen. Der pomadisierte Hoven ist offenbar nicht nur ihr Liebhaber, sondern teilt auch ihren Geschmack in Einrichtungsfragen. Das bezeugt die Schilderung eines Deportierten namens Joseph Ackermann:[25]

Dr. Hoven stand eines Tages neben mir am Fenster des Seziersaals, zeigte auf einen Häftling im Hof und sagte: „Dessen Schädel will ich morgen früh auf meinem Schreibtisch haben." Der Häftling wurde aufs Revier gerufen, man schrieb seine Nummer auf und schickte seine Leiche noch am selben Tag in den Seziersaal. Bei der Autopsie zeigte sich, dass man ihn mit einer Injektion getötet hatte. Der Schädel wurde präpariert und Dr. Hoven ausgehändigt.

Im Nürnberger Prozess stritt Hoven diese Anschuldigung ab, belastete stattdessen Ding und versuchte vergeblich, sich als verdeckten Agenten auszugeben, der trotz allem versucht habe, Menschenleben zu retten oder zumindest Leiden zu lindern, etwa indem er die für die Versuche gelieferten Läuse vernichtete oder den Versuchspersonen in Block 46 aktive Sterbehilfe geleistet habe. Er vergaß dabei allerdings zu erwähnen, dass er so als erster ihre Taschen plündern konnte (falls die nicht ohnehin leer waren) und Betten freibekam.

Während Hoven elegant die Spritze schwingt, bevorzugt der Dritte im Bunde den Knüppel. Kapo Dietzsch ist der Schläger des Trios. Rechtskräftig verurteilt, hat er mehrfach im Gefängnis gesessen und wird schließlich als politischer Häftling in Buchenwald interniert. Als Dr. Ding eine Hilfskraft sucht, meldet er sich als Einziger freiwillig. Er ist brutal und sadistisch, besitzt keinerlei medizinische Vorkenntnisse und untersucht dennoch die Kranken, infiziert Menschen mit Fleckfieber und selektiert künftige Opfer, manchmal gemeinsam mit Hoven. Der große, bullige Mann mit kolossalem Schädel, Halbglatze und Haarkranz, hätte wie ein gutmütiger Kerl gewirkt, wäre sein abwesender, scheeler Blick nicht so verstörend gewesen. Im Oktober 1946 erklärt Victor Holberg beim Luxemburger Amt für die Aufklärung von Kriegsverbrechen:

Im Herbst 1943 wurde ich in den Versuchsblock 46/50 verlegt; der niederträchtige Kapo Arthur Dietzsch und Dr. Erwin Ding hatten im Block das Sagen.

Eines Tages fand ich heraus, dass 720 Häftlinge durch Injektionen mit dem Blut von Fleckfieberkranken infiziert worden waren. Die Infizierten litten furchtbar und hatten drei, vier Wochen lang 40 bis 41 Grad Fieber. Mehr als die Hälfte starb während der Fieberphase. Diejenigen, die sie überlebten, waren so ausgezehrt, dass sie wie Skelette aussahen. Kaum wieder genesen, wurden sie einer Kolonne für Schwerarbeit zugeteilt und gingen daran zugrunde. Die Selektion der Häftlinge erfolgte wahllos. Ende 1944 und Anfang 1945 verwendete man nur gewöhnliche Kriminelle und Schutzhäftlinge; für die Eingriffe gab es keine wissenschaftliche Rechtfertigung. Dr. Ding war ein unerfahrener junger Mediziner, und die Pflegekräfte hatten überhaupt keine Ausbildung. Der Kapo Dietzsch war ein brutaler Mensch. Er lief mit einem Stock bewaffnet durch die Krankensäle und brachte Kranke um.

Als ob das noch nicht reichte, komplettiert die Pharmaindustrie das düstere Bild. Die Unternehmen waren bis dahin zurückhaltend gewesen und hatten sich mit der Beobachterrolle begnügt. Ab Mai 1943 greifen sie nicht nur aktiv in das Geschehen ein, sondern stellen Forderungen. Die IG Farben, führender Hersteller von Zyklon B, verlangt Versuche mit Rutenol und Acridin, die beide beim Menschen krebserregend wirken. Auch andere Substanzen wie zum Beispiel Methylenblau schickt man zum Testen nach Buchenwald, allen voran die Firma Behring in Marburg.

Dr. Ding berichtet davon in seinem Labortagebuch,[26] er habe entsprechend den Vorgaben der Firma Bayer-Hoechst das Rutenol als Granulat verabreicht. *Die Kranken erhielten davon eine volle Kaffeetasse, was grob einer Dosis von 0,4 g entsprach. Die Behandlung umfasste in der Regel sechs bis zehn Dosen im Abstand von jeweils sechs Stunden. Von den Nitro-Acridin-Dragees erhielten sie dreimal am Tag je zwei. Die Kranken, bei denen man von einer sicheren Infektion ausgehen konnte, erhielten schon während der Inkubationszeit Rutenol und Acridin. War der Patient in der Lage, zumindest einen Teil der Medikamente einzunehmen, wurde die Behandlung auch über die zehnte Dosis hinaus verlängert.*

Die Sterblichkeit ist erschreckend hoch, das Ergebnis der Versuche wertlos. Selbst Dr. Ding muss letztlich einräumen: *Beide Medikamente hätten weder eine Besserung der Erkrankung bewirkt noch das Fieber gesenkt. Die Letalität sei im Großen und Ganzen genauso hoch wie in der nicht mit diesen Präparaten behandelten Kontrollgruppe.*

Wir schreiben das Jahr 1943, Dings Forschungsarbeit tritt auf der Stelle, er fühlt sich bedroht. Selbst die Männer in Block 46 sind skeptisch:

Außerdem gab es eine Menge Gründe, an der Wirksamkeit des von Dr. Ding produzierten Impfstoffs zu zweifeln; Weihnachten 1943 hatte er seinen Fleckfieber-Impfstoff fertiggestellt und unternahm weitere Experimente. Eine Gruppe Häftlinge, üblicherweise 25, erhielt den Impfstoff und wurde dann mit Fleckfieber infiziert. Die Kontrollen wurden infiziert, ohne geimpft zu sein, und 50 bis 60 % von ihnen starben sofort. Dr. Ding erklärte, wenn die Versuche keinen Erfolg hätten, bleibe ihm nur Selbstmord.[27]

Nach einem erfolglosen Versuch mit Medikamenten und Rasiermesser im Juni 1945 schafft es Dr. Ding zwei Monate später doch noch, sich das Leben zu nehmen. Seine Experimente kosteten mehr als 200 Männern das Leben und trugen zweifellos dazu bei, den Fleckfiebererreger noch virulenter zu machen.

15

„Operation Paperclip"

Man staunt oft darüber, wie unerträglich mild die Strafen im Nürnberger Ärzteprozess ausfielen. Nach Anhörung der Ankläger und Verteidiger sprach das Gericht am 20. und 21. August 1947 sieben Angeklagte frei, denn das angelsächsische *Common Law* verlangt, dass die Schuld eines Angeklagten „ohne begründete Zweifel" (*beyond reasonable doubt*) erwiesen sein muss. Freigesprochen wurde unter anderem Siegfried Ruff, Raschers Vorgesetzter, der die in Block 5 im KZ Dachau durchgeführten Versuche überwachte. Mit demselben Argument ließ man mehrere der Verurteilten vorzeitig wieder laufen: Beiglböck, im Prozess zu fünf Jahren Haft verurteilt, kam 1951 aus dem Gefängnis – der Mann, der unter anderem einem seiner „Versuchskaninchen" ohne Narkose die Leber herausschnitt. Manche wurden nur wenige Jahre später wieder auf freien Fuß gesetzt, darunter Otto Ambros, der Chemiker bei der zu trauriger Berühmtheit gelangten IG Farben.

Warum?

Ein Grund ist der Wunsch, zu vergeben, damit das Leben sich normalisieren und über den Massengräbern und Trümmern des Zweiten Weltkriegs endlich Frieden heranwachsen kann. Aber es gibt auch andere Gründe. Die Amerikaner werden oft für ihre pragmatische Haltung bewundert. Im Rahmen ihrer Rivalität mit der „anderen" Siegermacht, der Sowjetunion, ging es ihnen vor allem um einen technischen Vorsprung gegenüber ihren einstigen Verbündeten, die auf dem besten Weg waren, ihre künftigen Feinde zu werden. Wo aber fände man einen besseren Forscher-Pool als im ehemaligen Dritten Reich? Dabei darf man nicht vergessen, dass die deutsche Wissenschaft schon lange vor dem Aufstieg der Nazis Weltrang besaß. Dazu nur ein Beispiel: Vom Beginn des 20. Jahrhunderts bis 1933 gingen 71 Nobelpreise an Deutsche. Einige dieser Männer wurden zu strammen Nazis, darunter der Physiker Philipp Lenard oder Richard Kuhn, der jede seiner Vorlesungen mit einem dröhnenden „Sieg Heil" begann und dem deutschen Reich das Nervengift Soman und den USA das grauenhafte Giftgas Sarin bescherte.

Hitler bezeichnete sich gern als „technikbegeistert", und Himmler hatte, wie wir gesehen haben, immer ein offenes Ohr, vor allem aber finanzielle Mittel sowie Arbeitskräfte und menschliche Versuchskaninchen in beliebiger Menge für jeden, der sich in neuartige Experimente stürzen wollte. Um ein Haar hätten die Deutschen sogar als Erste eine Atombombe gebaut. Auch wenn ihnen die Amerikaner in dieser Beziehung knapp zuvorkamen, war ihnen das Dritte Reich in vielen anderen Bereichen, insbesondere der Waffentechnik und Virologie, einen Schritt voraus. Im erneuten Rüstungswettlauf der Nachkriegszeit konnte sich das als entscheidender Vorteil erweisen.

Alles beginnt im November 1944 in Straßburg. Die Stadt liegt in Trümmern. Der Physiker Samuel Goudsmit, im Umgang mit dem Mikroskop weitaus erfahrener als mit der Pistole, traut seinen Augen nicht. Doch der Brief in seiner Hand liefert ihm den Beweis, dass er nicht träumt. Er ist hier aufgrund seines Rufs als Forscher, aber auch, weil er fließend Deutsch spricht. Mit Erleichterung haben er und seine Mitarbeiter erfahren, dass die deutschen Versuche, eine Atombombe zu bauen, gescheitert sind. Doch nun kursieren ebenso beängstigende Gerüchte über bakteriologische Waffen. Goudsmit soll beurteilen, wie weit diese Forschungsarbeiten sind. Fachwissen und Intuition haben ihn in die Wohnung von Professor Haagen geleitet, der sich in Forscherkreisen mit der Entwicklung eines Impfstoffs gegen Gelbfieber am Rockefeller Institute in New York einen Namen gemacht hat, aber schon bald wegen seiner „Arbeiten" über Fleckfieber in Verruf kommen sollte. Bei seiner Flucht in die sowjetische Besatzungszone musste der Professor seinen Schriftwechsel zurücklassen. Aus seinen Briefen, die noch mit „Heil Hitler" schließen, erfährt Goudsmit nun, dass der Mann, den auch er sicher einst bewunderte, unvorstellbare Versuche an menschlichen Wesen vorgenommen hat, die er sich zu Dutzenden von seinem Kollegen Dr. Hirt aus dem KZ Natzweiler schicken ließ. Goudsmit ist entsetzt. Die Militärs, denen er seine Berichte schickt, sind beunruhigt: Was, wenn diese Experimente schlüssige Ergebnisse erbracht hätten, wenn die Nazis neben tausenden anderer Abscheulichkeiten nicht nur bakteriologische Waffen, sondern zugleich die passenden Impfstoffe erzeugt hätten, um ihre eigenen Truppen zu schützen? Im Chaos der Befreiung wird hinter den Festungsmauern des Pentagons die Joint Intelligence Objectives Agency (JIOA) gegründet. Ihre Mission: die Anwerbung ehemaliger NS-Forscher für die US-Armee und -Marine, ab 1947 auch für die CIA und später für die NASA. Natürlich dürfen die neuen Mitstreiter der streng geheimen „Operation Paperclip" keine Kriegsgräuel begangen haben, doch dafür verlangen die US-Behörden so gut wie keine Belege, denn ihre Priorität liegt ganz woanders. Sie wollen nichts Geringeres als einen neuen totalen Weltkrieg verhindern, in dem sowohl konventionelle als auch atomare und bakteriologische Waffen zum Einsatz kämen – und der nach Einschätzung des Pentagons schon 1952 ausbrechen wird!

Und so durchkämmen Vertreter der JIOA gegen den Widerstand von Präsident Roosevelt bereits ab Mai 1945 das in Trümmern liegende Europa nach neuen Forschern für die Vereinigten Staaten von Amerika, das traditionelle Ziel vieler Flüchtlinge, nicht zuletzt auch ehemaliger Nazis. Die Zahl der vorbelasteten Wissenschaftler, die auf diese Weise den Sprung in die USA schafften, wird auf annähernd 1600 geschätzt. Einer von ihnen war Walter Schreiber, der als Generalarzt der Wehrmacht an Gefangenen Gasbrand-, Fleckfieber-, Arzneimittel-, Unterkühlungs- und Unterdruckversuche durchführte. Bei der Eroberung Berlins gerät er in sowjetische Gefangenschaft, doch schon wenige Jahre später trifft man ihn in Texas in der renommierten Air Force School of Aviation Medicine wieder. Ein weiterer war Herbert Wagner, der Erfinder der Gleitbombe Henschel Hs 293, mit der die Deutschen ab 1943 Schiffe versenkten. Er war einer der Ersten, die von der „Operation Paperclip" profitierten, und arbeitete fortan für den Nachrichtendienst der US Navy, die ihm offenbar nicht nachtrug, dass seine Erfindung tausende alliierte Marinesoldaten das Leben gekostet hatte. Ein weiterer Paperclip-Nutznießer war Arthur Rudolph, der die Produktion von V-Waffen (Vergeltungswaffen) durch Zwangsarbeiter aus dem Konzentrationslager Mittelbau-Dora in Nordhausen veranlasste. Die NASA verdankt ihm die Konstruktion der Trägerrakete Saturn V, ohne die das Apollo-Programm niemals Erfolg gehabt hätte. An seiner Seite war Wernher von Braun, der ebenfalls in Dora Waffen produzieren ließ, bevor er Leiter des Marshall Space Flight Center wurde. So gesehen, machten erst die vielen Arbeitssklaven in Dora die Mondlandung möglich. Die Geburtsstätte der Raumfahrtindustrie war ausgerechnet ein Konzentrationslager, in dem Tausende umkamen. Wie es dort zuging, wissen wir von einem der Überlebenden von Dora, dem Franzosen Jean Michel, der seine Erlebnisse später in einem Buch schilderte. Rudolph, für viele US-Bürger der Held des amerikanischen Traums, verließ das Land, um sich seiner Gerichtsverhandlung zu entziehen. Auch Erich Traub kam die „Operation Paperclip" zugute. Der Virologe sollte in Himmlers Auftrag aus der Türkei Pesterreger beschaffen, um daraus eine biologische Waffe herzustellen. Er genoss später ein ruhiges Leben im Landwirtschaftsministerium, stellte jedoch zuvor der US Army sein Wissen zur Verfügung. Die Paperclip-Organisatoren waren zu vielen Zugeständnissen bereit, und wer sich seinem Vaterland besonders eng verbunden fühlte, erhielt von ihnen einen verschwiegenen Posten in Deutschland unter Aufsicht der Amerikaner, auch wenn sie Uncle Sam erst seit kurzem dienten. Im romantischen Städtchen Heidelberg – Standort einer US-Basis – konnte es Einwohnern und Touristen jahrelang passieren, dass sie auf der Straße Richard Kuhn über den Weg liefen, dem „Vater" des Nervengifts Soman – vielleicht sogar in Begleitung seines Kollegen und Tabun-Erfinders Gerhard Schrader oder in Begleitung Siegfried Ruffs, der Raschers Experimente beaufsichtigte, und seines früheren Kollegen aus Dachau, Konrad Schäfer, des Urhebers des Entsalzungsverfahrens, auf dem die Meerwasserversuche Beiglböcks basierten.

Schon diese bei weitem nicht erschöpfende Liste ist verblüffend und teilweise erschreckend. Anfang der 1990er-Jahre staunten die Ehrenmitglieder der medizinischen Fakultät der Universität Texas nicht schlecht, als die *New York Times* enthüllte, dass einer ihrer Lokalmatadore – Dr. Strughold – auf der 1945 erstellten Liste der gesuchten NS-Kriegsverbrecher stand. Man muss dazu sagen, dass Strughold zu Recht als einer der Väter der Raumfahrtmedizin gilt. Mitte der 1980er-Jahre erklärte der texanische Senat den 15. Juni zum „Dr. Hubertus Strughold Day", und die USA benannten nach ihm eine Bibliothek – eine hohe Ehre, die er mit einigen Präsidenten teilt. Es verwundert deshalb nicht, dass seine Büste neben der des Hippokrates im Ehrensaal der Fakultät thront. Dennoch war derselbe Mann einer der Teilnehmer der Nürnberger Konferenz, bei der Sigmund Rascher über die Fortschritte seiner Dachauer Experimente berichtete, und auch derselbe, der Berichte über Unterkühlungsexperimente las, die von „ausgewachsenen Schweinen" sprachen, wenn sie katholische Priester meinten. Es ist auch derselbe Mann, dessen Forschungsassistent wegen Verbrechen gegen die Menschlichkeit verurteilt wurde. Es dauerte zwei Jahre und erforderte zahlreiche erschütternde Beweismittel, bis 1995 – ein Jahr vor seinem Tod – endlich Strugholds Porträt abgehängt wurde. 2012 enthüllte das *Wall Street Journal* zudem, dass er Experimente an epileptischen Kindern genehmigte. Während sich die Deutsche Gesellschaft für Luft- und Raumfahrtmedizin angesichts solcher Enthüllungen endlich durchrang, den seit 1970 jährlich verliehenen Hubertus-Strughold-Preis nicht mehr zu vergeben, hielt ihr amerikanisches Gegenstück das nicht für nötig. Noch 2013 bekam ein Wissenschaftler den Hubertus Strughold Award für seinen Beitrag zur Luft- und Raumfahrtmedizin. Bis zum heutigen Tag hat meines Wissens niemand diesen Preis aufgrund von Strugholds Vergangenheit abgelehnt.

Und das ist kein Einzelfall. Ohne rot zu werden, ehrt das National Space Club Florida Committee Wissenschaftler und Weltraumfahrer bis heute mit dem „Debus Award". Astronomie-Fans ist Kurt H. Debus als erster Direktor des Kennedy Space Center ein

Begriff. Geläufig ist er auch Geschichtswissenschaftlern, allerdings aus einem anderen Grund: Kurt Heinrich Debus war leidenschaftlicher SS-Mann, erschien zur Arbeit in schwarzer Uniform mit roter Armbinde und denunzierte einen seiner Kollegen bei der Gestapo, weil dieser den Hitlergruß verweigerte. Ebenso leidenschaftlich und treu diente er später 28 Jahre lang bis zu seiner Pensionierung 1974 der NASA. Trotz der Enthüllungen über seine braune Vergangenheit schilderten seine Vorgesetzten ihn stets als untadeligen Wissenschaftler und „ehrbaren" Amerikaner. Vielleicht wurde Kurt Debus ja nach seiner Ankunft in den USA ein neuer Mensch? Reicht es zu seiner Ehrenrettung aus, dass er die Landung des ersten Menschen auf dem Mond möglich machte? Es ist wahr, dass er eigenhändig kein Verbrechen beging, aber seine Erfindungen brachten vielen den Tod. Historiker schätzen die Zahl der zivilen und militärischen Opfer von V2-Raketen auf 9000, die Zahl der bei der Produktion umgekommenen Zwangsarbeiter auf 12 000.

Last but not least ist da noch Otto Ambros, Mitarbeiter der IG Farben. Er steht ganz oben auf der Fahndungsliste der Kriegsverbrecher, denn in den Fabriken seines Unternehmens in Auschwitz ließ er von Zwangsarbeitern das Gas produzieren, mit denen sie selbst oder ihre Angehörigen getötet werden sollten. Andere Produktionsstätten stellten unter seiner Federführung die hochtoxischen Giftgase Sarin und Tabun her. Ein Schurke also, aber von hohem Wert für die US Army. Als Major Tilley ihn verhaften will, ist Ambros bereits mit ihrer Hilfe in einem amerikanischen Jeep in Richtung Heidelberg unterwegs, wo ihm der US Chemical Warfare Service alles Nötige zur Verfügung stellt, darunter auch selbst schwer belastete Kollegen von früher. Ihre Aufgabe ist die Produktion von Sarin. Das widerliche Kampfgas ist fünfhundertmal giftiger als Zyankali und bewirkt einen grässlichen Tod durch Krämpfe und Ersticken. Diese teuflische Waffe wollen die Amerikaner rehabilitieren, indem sie nun einem guten Zweck, sprich, der amerikanischen Sache dienen soll. In seiner Fabrik kann Ambros, falls er Lust dazu hat, mit Kurt Blome, ebenfalls brillanter Experte für bakteriologische Kriegsführung, in alten Zeiten schwelgen. Nach seiner Tätigkeit für die US-Regierung ist Ambros später begehrter Berater mehrerer europäischer Unternehmen wie der BASF und selbst im Kanzleramt unter Adenauer gern gesehener Gast. Als er 1990 im Alter von 92 Jahren stirbt, wird er mit allen Ehren beigesetzt, die einer „Unternehmerpersönlichkeit von großer Ausstrahlungskraft" gebühren.

Vergebung oder Zugeständnis? Das lässt sich nur schwer entscheiden, zumal die USA nicht die Einzigen waren. Die Sowjetunion handelte ganz genauso, und auch Frankreich und Großbritannien zögerten nicht, es den anderen Siegermächten nachzutun. Dazu muss man wissen, dass rund 100 deutsche Techniker und Ingenieure nach Frankreich „eingeladen" wurden. Sie ermöglichen die Entwicklung der ersten Strahltriebwerke für die französische Jagdfliegerei (SNECMA Atar), des ersten Airbus und der ersten französischen Raketen. Auch der erste Hubschrauber aus der später in Eurocopter umbenannten Fabrik in Marignane, der SNCASE SE 3000, war eine Weiterentwicklung des deutschen Focke-Achgelis Fa 223 Drache.

Mich persönlich beschäftigt eine andere Frage: Haben die verbrecherischen Experimente der NS-Ärzte der heutigen Wissenschaft irgendeinen Nutzen gebracht? Die Antwort ist ambivalent. Jagdflieger tragen heute anti-g-Anzüge, die druckbedingte Phänomene wie Tunnelblick und Bewusstlosigkeit (g-LOC) verhindern. Die Idee dazu stammt angeblich von Sigmund Rascher, aber das stimmt nur zur Hälfte, denn der „legitime" Vater des Gedankens ist der Kanadier Wilbur Franks, der das Funktionsprinzip schon 1941 ersann. Der einzige Bereich, in dem die Nazis tatsächlich einen Durchbruch erreichten, war der Tod. Sarin, Tabun, Marschflugkörper – sie alle entstanden im Zeichen des Hakenkreuzes, um den Massenmord rationeller zu gestalten. Mit dem, was die Ideologie des Dritten Reichs für Wissenschaft hielt, stieg Hippokrates in die Hölle hinab: Anstatt auf das Heilen verstand sich diese Anti-Medizin auf das Töten. Sie wusste es nicht besser. Noch ein letztes Argument: Erinnern Sie sich an den Contergan-Skandal? 2008 erregte der Hungerstreik von Thalidomid-Opfern erneut Aufsehen, aber der Skandal selbst fand schon in den 1950er-Jahren statt, als man werdenden Müttern in den USA versprach, erstmals in der Geschichte werde sie das Wundermittel Contergan von der Übelkeit in den ersten Schwangerschaftsmonaten erlösen. Als Nebenwirkung dieses „Arzneimittels" kamen die Kinder allerdings mit so grauenhaften Missbildungen zur

Welt, dass ich hier nicht näher darauf eingehen möchte. Ersonnen hatte dieses Teufelszeug ursprünglich niemand anders als Richard Kuhn bei der IG Farben.

Fazit

Folternde Ärzte, Komplizen, passive, aktive Mittäter. Es gab viele davon, in den Lagern und anderswo.
Einige handelten, andere schauten zu.
Einige gehorchten, andere gaben selbst Anregungen.
Sie alle sind eine Schande für unseren Berufsstand.
Ich wollte dieses Buch schreiben, die Gräuel schildern und versuchen, diesen Abschaum zu porträtieren, um eine eindeutige Antwort auf die Fragen zu finden, die ich mir stellte ... bevor ich mit den Recherchen begann. Wenn ich heute dieses Projekt abschließe, bin ich mir nicht mehr sicher, ob eine solche Antwort überhaupt existiert, auch wenn ich diejenigen, die mit dem Leben Tausender Menschen spielten, jetzt klarer vor mir sehe.
Nein, sie waren nicht allesamt unfähig.
Nein, sie waren nicht allesamt zweitklassige Mediziner, die in den Lagern Gelegenheit fanden, endlich ihren Teil dazu zu leisten, die minderwertigen Rassen auszumerzen und an der Rettung des arischen Herrenmenschen mitzuwirken, der die Welt beherrschen würde.
Vor allem handelten sie nicht allein.
Ihre Komplizen saßen in den renommierten medizinischen Fakultäten und in den Labors der Pharma-

industrie. Sie scherten sich wenig darum, woher ihre Versuchskaninchen stammten und dass diejenigen, die ihre Medikamente testen sollten, dazu mitnichten ihre Zustimmung erteilt hatten. Außerdem konnten die Alliierten von den Forschern, die sich die Hände mit dem Blut ihrer Opfer besudelt hatten, viele für eigene Zwecke gebrauchen.

Und der medizinische Fortschritt? Dazu lässt sich leider keine klare Aussage machen. Bei den allermeisten Versuchen kam jedenfalls nicht das Geringste heraus.

Nichts außer Leid und Tod.

Nichts außer Schreien, Brüllen, Flehen.

Die Schreie stellte ich mir vor. Ich konnte sie geradezu hören.

Sie verfolgen mich bis heute.

Wer kann sicher sein, dass wir sie nie wieder hören werden?

Anmerkungen

1 Liedtext Marlene Dietrichs im Film *Der blaue Engel*.
2 Die [französischen] Zitate in diesem Kapitel stammen, sofern nicht ausdrücklich anders angegeben, aus den Übersetzungen in François Bayle, *Croix gammée contre caducée. Les expériences humaines en Allemagne pendant la Deuxième Guerre mondiale*. Die deutschen Originaltexte stammen, soweit dort enthalten, aus A. Mitscherlich / Fred Mielke, *Medizin ohne Menschlichkeit. Dokumente des Nürnberger Ärzteprozesses*.
3 In den nationalsozialistischen Konzentrationslagern kennzeichnete der grüne „Winkel" gewöhnliche Kriminelle, der rote politische Häftlinge, der braune Zigeuner, der blaue Emigrant, der rosafarbene Homosexuelle, der violette Zeuge Jehovas und der zu trauriger Berühmtheit gelangte gelbe Judenstern. Häftlinge, denen man Fluchtabsichten unterstellte, trugen auf dem Rücken zudem eine rotweiße Zielscheibe. „NN-Gefangene" waren französische und andere Widerstandskämpfer, die laut *Nacht-und-Nebel*-Erlass spurlos verschwinden sollten. (A. d. A.)
4 Siehe Kapitel 15, „Operation Paperclip".
5 Die Zitate in diesem Kapitel stammen aus den [französischen] Übersetzungen in Bayle, Op. cit., bzw. aus Mitscherlich / Mielke, Op. cit.
6 Die folgenden Schilderungen und Zeugenaussagen werden wiedergegeben nach Édouard Calic, *Himmler et l'empire SS*.
7 Soweit nicht anders angegeben, stammen die Zitate in diesem Kapitel aus Stefan Klemp, *KZ-Arzt Aribert Heim. Die Geschichte einer Fahndung*.
8 Siehe Kapitel 14.

9 Siehe Kapitel 5.
10 Die hier und im Folgenden in diesem Kapitel wiedergebeben Zitate stammen aus Philippe Aziz, *Les Médecins de la mort*, Bd. 3, S. 202–3.
11 „Beppo" ist eine Koseform des italienischen Namens Giuseppe (Josef). Mengele wurde so gerufen.
12 Soweit nicht anders angegeben, stammen die Zitate in diesem Kapitel aus Robert Jay Lifton, *Ärzte im Dritten Reich*.
13 Elie Wiesel, *Die Nacht. Erinnerung und Zeugnis*.
14 Gerald Astor, *The Last Nazi. Life and Times of Dr Joseph Mengele*.
15 Tomás Eloy Martínez in einem Artikel in der Zeitschrift *El Periodista de Buenos Aires* von 1985, zitiert in Jorge Camarasa, *Mengele. El ángel de la muerte en Sudamérica*.
16 Camarasa, Op. cit. Originalausgabe: *Mengele. El ángel de la muerte en Sudamérica*.
17 Soweit nicht anders angegeben, stammen die Zitate in diesem Kapitel aus den [französischen] Übersetzungen in Bayle, Op. cit., bzw. aus Mitscherlich / Mielke, Op. cit.
18 Die ausführliche Version findet sich bei Bayle, Op. cit.
19 Christian Bernadac, *Les Médecins maudits. Les expériences médicales dans les camps de concentration*.
20 Amicale de Ravensbrück et Association des déportées et internées de la Résistance, *Les Françaises à Ravensbrück*.
21 Die vollständige Zeugenaussage findet sich unter http://lesamitiesdelaresistance.fr/lien17-fleury.pdf, abgerufen am 21. Juni 2014.
22 Dieses und die folgenden Zitate in diesem Kapitel stammen aus den [französischen] Übersetzungen in Bayle. Op. cit., bzw. aus Mitscherlich / Mielke, Op. cit.
23 François Bayle, *Croix gammée contre caducée*, Op. cit., bzw. aus Mitscherlich / Mielke, Op. cit.
24 Die folgenden Zitate in diesem Kapitel stammen aus den [französischen] Übersetzungen in Bayle. Op. cit., bzw. aus Mitscherlich / Mielke, Op. cit.

25 Diese und die folgende Zeugenaussage sind zitiert aus Bernadac, Op. cit.

26 Die beiden folgenden Zitate in diesem Kapitel stammen aus den [französischen] Übersetzungen in Bayle. Op. cit., bzw. aus Mitscherlich / Mielke, Op. cit.

27 Bernadac, Op. cit.

Bibliographie

Amicale de Ravensbrück et Association des déportées et internées de la Résistance, *Les Françaises à Ravensbrück*, Paris, 1965, 1987

Astor, Gerald, *The Last Nazi. Life and Times of Dr. Josef Mengele*, New York, 1985.

Aziz, Philipp, *Les Médecins de la mort*, 4 Bände, Genève, 1975.

Bayle, François, *Croix gammée contre caducée. Les expériences humaines en Allemagne pendant la deuxième guerre mondiale*. Vorwort René Piédelièvre, Neustadt, 1950.

Bernadac, Christian, *Les Médecins maudits. Les expériences médicales dans les camps de concentration*, Paris, 1967.

Calic, Édouard, *Himmler et l'empire SS*, Paris, 2009.

Camarasa, Jorge, *Le Mystère Mengele*, Paris, 2008.

Ebbinghaus, Angelika / Dörner, Klaus (Hrsg.), *Vernichten und heilen. Der Nürnberger Ärzteprozeß und seine Folgen*, Berlin, 2001.

Eckart, Wolfgang U., *Fall 1: Der Nürnberger Ärzteprozess*. In: Gerd R. Ueberschär (Hrsg.), Der *Nationalsozialismus vor Gericht. Die alliierten Prozesse gegen Kriegsverbrecher und Soldaten 1943–1952*, Frankfurt am Main 1999, S. 73–85.

Evans, Richard J., *Das Dritte Reich*, 3 Bände, Stuttgart, 2004–2009.

Halioua, Bruno / Hirsch, Emmanuel / Prasquier, Richard, *Le Procès des médecins de Nuremberg. L'irruption de l'éthique médicale moderne*, Paris, 2007.

Hilberg, Raul, *Die Quellen des Holocaust*, Frankfurt, 2009.

Information Services Division, Office of the U.S. High Commissioner for Germany (Hrsg.), *Landsberg. Ein dokumentarischer Bericht*, München, 1951.

Jacobsen, Annie, *Operation Paperclip. The Secret Intelligence Program that Brought Nazi Scientists to America*, New York, 2014.

Klemp, Stefan, *KZ-Arzt Aribert Heim. Die Geschichte einer Fahndung*, Berlin, 2010.

Lang, Hans-Joachim, *Die Namen der Nummern. Wie es gelang, die 86 Opfer eines NS-Verbrechens zu identifizieren*, Frankfurt am Main, 2007.

Lifton, Robert Jay, *Ärzte im Dritten Reich*, Berlin 1998.

Linne, Karsten (Hrsg.), *Der Nürnberger Ärzteprozeß 1946 / 47. Wortprotokolle, Anklage- und Verteidigungsmaterial, Quellen zum Umfeld*, München, 1999.

Martínez, Tomás Eloy, *Der General findet keine Ruhe*, Frankfurt / Berlin, 1999.

Mitscherlich, Alexander / Mielke, Fred, *Medizin ohne Menschlichkeit. Dokumente des Nürnberger Ärzteprozesses*, Heidelberg, 1960.

Peter, Jürgen, *Der Nürnberger Ärzteprozeß. Im Spiegel seiner Aufarbeitung anhand der drei Dokumentensammlungen von Alexander Mitscherlich und Fred Mielke* (= Schriften aus dem Sigmund-Freud-Institut 2), Münster, 1994/1998.

Platen-Hallermund, Alice, *Die Tötung Geisteskranker in Deutschland. Aus der Deutschen Ärztekommission beim Amerikanischen Militärgericht*, Frankfurt am Main, 1948.

Proctor, Robert N., *Blitzkrieg gegen den Krebs. Gesundheit und Propaganda im Dritten Reich*, Stuttgart, 2002.

Schmidt, Ulf, *Justice at Nuremberg. Leo Alexander and the Nazi doctors' trial*, Basingstoke, 2004.

Weindling, Paul Julian, *Nazi Medicine and the Nuremberg Trials. From Medical War Crimes to Informed Consent*, Basingstoke, 2004.

Wiesel, Elie, *Die Nacht. Erinnerung und Zeugnis*, Freiburg i. Br., 2008 (4. Aufl.).

Danksagung

Unter den vielen Publikationen zu diesem Thema gibt es zwei, ohne die ich dieses Buch nie hätte schreiben können: *Croix gammée contre caducée. Les expériences humaines en Allemagne pendant la Deuxième Guerre mondiale* von François Bayle (1950) und *Les Médecins de la mort* von Philippe Aziz, herausgegeben von Jean Dumont (1975). Ich danke zudem Xavier Bigard und Bruno Halioua für ihr Wissen und ihre Unterstützung.

Bildnachweis

Die Angeklagten im Nürnberger Ärzteprozess
  © United States Holocaust Memorial Museum
  United States Holocaust Memorial Museum (Primary)
  National Archives and Records Administration, College Park
Sigmund Rascher (rechts) bei einem Unterkühlungsversuch
  © Süddeutsche Zeitung/ Rue des Archives
Wilhelm Beiglböck
  © United States Holocaust Memorial Museum
  United States Holocaust Memorial Museum (Primary)
Konrad Schäfer
  © United States Holocaust Memorial Museum
  United States Holocaust Memorial Museum (Primary)
Heinrich Himmler
  © Mary Evans / Rue des Archives
Wolfram Sievers
  © United States Holocaust Memorial Museum
  United States Holocaust Memorial Museum (Primary)
Bewusstloser KZ-Häftling in der Unterdruckkammer
  © Public Domain
  National Archives and Records Administration, College Park (Primary)
Aribert Heim
  © Rue des Archives / AGIP
August Hirt
  © DR
Im KZ Buchenwald gefundener präparierter Kopf, Seitenansicht
  © United States Holocaust Memorial Museum
  United States Holocaust Memorial Museum (Primary)

Leichenbecken im Anatomischen Institut der Universität Straßburg
© Foto des Autors
Gedenktafel am Anatomischen Institut der Universität Straßburg
© Foto des Autors
Josef Mengele
© Rue des Archives / RDA
Carl Clauberg
© Rue des Archives / Tallandier
Gruppenfoto der Familie Ovitz
© United States Holocaust Memorial Museum
United States Holocaust Memorial Museum (Primary)
Herta Oberheuser
© United States Holocaust Memorial Museum
United States Holocaust Memorial Museum (Primary)
Erwin Ding-Schuler
© DR
Waldemar Hoven
© United States Holocaust Memorial Museum
United States Holocaust Memorial Museum (Primary)
Arthur Dietzsch
© Yad Vashem
Fotoarchiv Yad Vashem
Sanitäter der US Army in einer Station für fleckfieberkranke Überlebende des KZ Dachau
© United States Holocaust Memorial Museum
United States Holocaust Memorial Museum (Primary)
Glasbehälter mit Organpräparaten von Häftlingen im KZ Buchenwald
© Public Domain
National Archives and Records Administration, College Park (Primary)

Inhalt

Prolog 7

1 „Wir, der Staat, Hitler und Himmler,
tragen die Verantwortung.
Ihr Ärzte seid nur die Werkzeuge." 11
Der Nürnberger Kodex

2 „Menschenmaterial" 23
Sigmund Rascher

3 „Ich experimentiere an Menschen,
nicht an Meerschweinchen
oder Mäusen." 31
Sigmund Rascher

4 „Ihr werdet wahnsinnig werden." 41
Wilhelm Beiglböck

5 „Nur zu, experimentieren Sie!
Irgendetwas wird schon dabei
herauskommen." 51
Wissenschaft aus der Sicht Himmlers

6 Der „Schlächter von Mauthausen" 61
Aribert Heim

7 „Ob freiwillig oder nicht,
die Versuche finden statt!" 71
August Hirt

8 „Die Schädel von jüdisch-bolschewistischen
Kommissaren" 85
Die Straßburger Skelettsammlung

9 Rückkehr nach Straßburg 93

10 „Er wirkte nicht wie ein Mörder." 103
Josef Mengele

11 „Ich habe mir nichts vorzuwerfen." 117
Auf den Spuren Josef Mengeles

12 „Negative Demografie" 129
Carl Clauberg

13 „Sie war nicht böse." 143
Herta Oberheuser

14 Erfolg oder Tod 155
Erwin Ding-Schuler

15 „Operation Paperclip" 173

Fazit 185

Anmerkungen 187

Bibliographie 191

Danksagung 193

Bildnachweis 195